AF555144

2e Fascicule

Le Régime Congolais

OPINION

D'UN

Magistrat du Congo

PAR

Stanislas LEFRANC

Juge à l'État du Congo

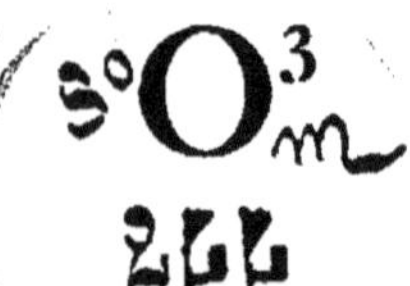

Prix : 50 Centimes

2e Fascicule

Le Régime Congolais

OPINION

D'UN

Magistrat du Congo

PAR

Stanislas LEFRANC

Juge à l'État du Congo

H.F.

ACQUISITION
Nº322342

La chicotte et les travaux forcés.

La chicotte a été, est encore à l'heure actuelle, un merveilleux instrument de civilisation : il ne coûte pas cher, ce que Boula Matari apprécie énormément, car, tout le monde le sait, si Boula Matari adore encaisser, débourser lui plait moins. Cela se comprend, étant donné ses charges écrasantes, écrasantes tellement qu'à l'heure présente il serait tout disposé à les céder à d'autres moyennant rémunération honnête de la part de ceux auxquels il accorderait cette faveur.

La chicotte a, en outre, l'inappréciable avantage d'avilir le noir, de le ravaler au dessous des animaux que jamais on n'oserait ainsi torturer, et de le contraindre, jusqu'à ce que mort s'ensuive, à un travail de bête de somme.

La chicotte est une institution d'Etat. Voici à ce sujet les prescriptions du Recueil Administratif approuvé par le Secrétaire d'Etat et qui constitue le code des courtiers en caoutchouc de toutes catégories.

Règlement de discipline pour les soldats et les gradés de couleur et pour toutes les catégories de travailleurs placés par le Gouverneur Général sous l'application du règlement de discipline militaire.

« Article 23. — Les punitions pour réprimer les transgres-
» sions contre la discipline sont :

» *A*. — La retenue extraordinaire de un jour à un mois.

» *B*. — Le fouet (la chicotte) de quatre coups à cinquante
» coups appliqués au bas des reins.

» Il ne pourra être appliqué à un délinquant plus de vingt-
» cinq coups de fouet le même jour. L'application du fouet sera
» interrompue immédiatement, quel que soit le nombre de coups
» appliqués du moment où une plaie aurait été produite ou que
» la syncope serait survenue.

» C. — Le travail à la chaîne d'un jour à un mois, avec
» détention dans un local déterminé depuis le coucher du soleil
» jusqu'au lever.

» Art. 24. — Les gradés et les soldats de première classe ne
» sont pas soumis à la chicotte. ».

L'article 6 du Règlement de discipline pour les travailleurs au service de l'Etat porte : « Peines corporelles. — En exécution
» de l'article 22 du règlement de discipline militaire, les tra-
» vailleurs et travailleuses de couleur au service de l'Etat sont
» soumis aux mêmes peines corporelles que les soldats. Ces
» peines sont aux hommes exclusivement la chaîne et la chicotte.

» La chicotte ne peut être infligée qu'exceptionnellement pour
» les fautes graves et lorsque tous les autres moyens de correc-
» tion ont échoué.

» Le seul instrument dont il peut être usé est une lanière de
» cuir lisse.

» Il est strictement interdit d'appliquer le fouet aux femmes ;
» ceux qui commettraient cet acte de barbarie, seront poursuivis
» du chef d'infraction aux articles 4 et 5 du Code pénal. Ce délit
» peut donner lieu à une condamnation à cinq ans de servitude
» pénale et mille francs d'amende.

» Les punitions à infliger aux femmes sont strictement limi-
» tées comme suit :

» 1° Travail supplémentaire ;

» 2° Cachot de un à huit jours ;

» 3° Le renvoi. »

Le règlement énumère les fonctionnaires auxquels il appartient d'ordonner la mise à la chaîne et la peine du fouet. En fait la faculté d'infliger la chicotte est accordée à tous ceux qui ont, soit à dresser les soldats au massacre et au pillage, soit à surveiller les forçats, c'est-à-dire les travailleurs et à les émoustiller lorsqu'ils sont exténués de fatigue et de faim ; ils n'ont qu'à s'adresser à l'autorité compétente qui toujours acquiesce avec empressement et sans exiger la moindre explication aux demandes de ce genre. Au reste, dans beaucoup de postes, il n'y a qu'un ou deux agents. Ce sont souvent de jeunes vauriens de vingt à vingt-deux ou vingt-trois ans, anciens maçons, palefreniers, saute-ruisseau ou caporaux auxquels l'Etat délègue sa toute-puissance. Ils sont dans leurs postes d'une étendue double ou triple de celle de nos provinces, rois, empereurs, maîtres absolus de milliers d'hommes et de femmes qu'ils ont pour unique mission d'exploiter à outrance, jusqu'à extermination.

Je vous laisse à penser comment, en ces tanières retirées, sont traités les malheureux travailleurs. Du matin au soir, pour les motifs les plus futiles, et souvent sans motif, ils entendent le garde chiourme crier : « Toi, tu iras à la chaîne. Toi, tu auras ton matabiche ». Matabiche signifie gratification, pourboire. C'est l'expression que, par dérision, les tortionnaires emploient à l'égard de ces pauvres enfants perpétuellement tremblants à la pensée que le tyran sans entrailles peut, à sa fantaisie, leur faire subir cet atroce supplice qui, de l'aveu de l'Etat lui-même, est de nature à écorcher ou à amener la syncope.

Oui, la chicotte c'est le seul matabiche, la seule récompense que les noirs connaissent dans tout l'Empire de Boula-Matari : on n'en distribue d'autres, à titre d'encouragement, qu'aux soldats qui commettent des atrocités.

Quels sont les travailleurs soumis à la chicotte au temps des Réformes tout comme auparavant ? Tout le bétail humain qu'à la suite de razzias sans cesse renouvelées, Boula Matari parque dans ses géhennes et qu'il a l'audace de nommer travailleurs volontaires. Il faut savoir en effet que les indigènes arrachés de leurs villages et traînés corde au cou dans les postes ou dans les mines, reçoivent un contrat. Ce contrat porte qu'ils s'engagent *volontairement* pour un terme de deux ou trois ans au service de Boula Matari ; une des clauses est à peu près conçue en ces termes : « le contractant se soumettra avec joie, bonheur et reconnaissance au supplice de la chicotte. » ! !

Evidemment le malheureux indigène auquel on fourre ce papier n'a pas la moindre notion de ce qu'il mentionne. C'est un des mille artifices de l'Etat négrier pour dissimuler les horreurs de son ignoble exploitation. Au vœu de la loi, ces contrats doivent être visés par un magistrat dont la mission est d'attester que le contrat est librement consenti. Est-ce assez grotesque et assez mortifiant d'obliger les magistrats à constater que des esclaves traînés devant eux corde au cou ou entre des gendarmes, prennent librement l'engagement de servir l'Etat et de subir la torture? C'est une des comédies que joue la justice dans quelques grands centres; dans les postes reculés où l'on n'a pas à redouter de visites intempestives, on ne recourt pas à ce truc.

Dans tout l'Uélé que je viens de traverser, les contrats, quand ils existent, ne sont pas visés par les magistrats ; ils sont rédigés par un commis quelconque qui, parfois, ne se donne pas même la peine de les signer, tant il attache d'importance à ces paperasses. Il va de soi que les magistrats auxquels les gardes chiourmes réclament un visa doivent le donner sans rechigner. Voici à l'appui de ce que j'avance, ce qui m'arriva dès mon premier séjour au Congo.

Un matin on amène au parquet un troupeau d'enfants, cinquante ou soixante. Ces bambins agés de cinq, six ou sept ans, avaient, ainsi qu'ils me le dirent, été arrachés à leurs parents éplorés, dans des villages du Stanley-Pool. C'étaient les ouvriers recrutés par l'autorité administrative pour l'usine à café que Boula Matari possède à Kinshassa près de Léopoldville.

J'écrivis à Boma qu'il me paraissait inique d'astreindre à n'importe quel travail et d'assujettir à la chicotte des mioches de cet âge qui ne demandaient qu'à vivre tranquilles auprès de leurs mamans. J'ajoutai que ces marmots n'avaient pas la capacité voulue pour contracter et qu'à l'avenir je me refuserais à viser des contrats de ce genre.

Voici textuellement ce que l'on me répondit :

« En ce qui concerne le point de savoir quelle valeur peut avoir un contrat de louage de services passé entre un non indigène et un indigène âgé de moins de seize ans et si vous pouvez refuser votre concours pour constater le consentement du mineur aux clauses de l'engagement, je ne puis partager sans réserve votre manière de voir sur tous les points. » — (En réalité on me donne tort sur tous les points).

« Il ne me paraît pas que la conclusion obligée des différents textes que vous citez,— (j'avais cité le code, mais évidemment, le code, les magistrats doivent s'asseoir dessus) — serait que, indistinctement, tout contrat passé par un mineur est nul et je me demande notamment si on pourrait accorder une action en nullité pour un contrat quelconque à un mineur alors que ce contrat pourrait être profitable à celui-ci, — (Profitable! oh combien!! surtout à ces bambins que j'ai vus encaqués pêle-mêle par vingtaine dans de crasseux chimbèques et auxquels on jetait en pâture un maigre morceau de chiqwangue); — si d'autre part on peut reconnaître une cause illicite à un contrat de travail dans le genre de celui auquel les serviteurs indigènes sont généralement soumis; je laisse évidemment de côté la question de la sanction des peines corporelles, car je pense comme vous que pareille clause, si elle peut émaner du pouvoir souverain ou réglementaire, ne peut pas être l'objet d'une obligation contractuelle. — (Et la clause figure, aujourd'hui encore, dans les contrats).

» Je ne crois pas non plus qu'on puisse admettre sans discussion que vous soyez autorisé à refuser de viser un contrat de louage de services qui vous paraîtrait être entaché d'une nullité ou avoir dans une de ses dispositions quelque chose d'irrégulier; enfin je me demande si pareille détermination ne serait pas aller à l'encontre de l'intérêt bien compris des indigènes; —(Ceci est adorable!)—refuser de constater leur consentement à accepter les clauses d'un contrat de louage de services, alors que l'intervention de l'autorité peut être réclamée par son co-contractant comme une des conditions du contrat, ne serait-ce pas condamner dans un grand nombre de cas des jeunes gens à l'oisiveté. —(L'oisiveté! ah! cela Boula Matari l'a en horreur, l'oisiveté). —

» Ces considérations me déterminent à vous prier de vouloir bien vous en tenir aux règles existantes. »

Cette lettre n'est-elle pas mirifique? N'indique-t-elle pas d'une façon bien nette aux magistrats ce que l'on attend d'eux? Ne leur fait-elle pas comprendre que leur seule mission est de couvrir toutes les iniquités, toutes les illégalités?
Ne leur dit-elle pas clairement, que les lois sont faites pour être violées et que les travaux forcés et la chicotte même pour les enfants à la mamelle ravis à leur mère, sont les seuls instruments de civilisation que Boula Matari connaisse.

J'ai dit que tous les travailleurs de l'Etat étaient des forçats. J'ai raconté que j'avais, dans les forêts de l'Unlé en 1907, rencontré des troupeaux d'indigènes que l'on menait corde au cou aux Chemins de fer des Grands Lacs, aux mines et ailleurs. Les procédés qu'emploie l'Etat pour le recrutement de ses travailleurs sont, aujourd'hui, ce qu'ils étaient antérieurement, seulement les fameuses Réformes ont légalisé l'esclavage et le travail forcé.

On pourrait croire que j'exagère. Voici donc dépeinte par M. le Substitut du Procureur d'Etat à Stanleyville dans ses rapports officiels des 28 janvier et 2 février 1905 nos 74/F et 89/F, la façon dont à Stanleyville on recrutait les travailleurs en 1905 :

« La Commission d'Enquête pendant son séjour à Stanleyville s'est occupée de la question des engagements des travailleurs, elle a reçu quelques réclamations à ce sujet et a attiré mon attention sur les illégalités que commettaient à ce point de vue les fonctionnaires de l'Etat. C'est pourquoi j'ai l'honneur de vous prier de vouloir bien me faire parvenir des instructions me fixant et me précitant la conduite à tenir.

» De nombreux et importants travaux sont actuellement entrepris par l'Etat dans la Province Orientale : outre les travaux ordinaires et courants, je citerai les chemins de fer des Grands Lacs, les recherches minières dans le Haut Ituri, les travaux de fortifications.

« **Tout cela demande un formidable personnel.** Vouloir le recruter, l'engager avec le décret du 8 novembre 1888 — (décret sur les engagements volontaires)— en mains **serait une utopie. Les appels au travail volontaire ont fort peu d'écho chez le noir indolent surtout lorsqu'il doit se rendre loin de ses foyers.**

» **De là la nécessité, si l'on veut voir les travaux s'exécuter de recourir à des moyens arbitraires. Les gens sont pris de force, amenés sur les travaux où les maintient la peur du fouet et de la prison.** Plus tard, il est vrai, un certain nombre prenant goût à leur nouveau genre de vie, restent librement.

» Il y a là une **anomalie frappante entre nos lois** d'une part et les conditions de fait d'autre part où doivent s'exercer en pratique l'activité, la mission des fonctionnaires territoriaux.

» **Tout officier du Ministère Public soucieux de faire strictement respecter les lois devrait dresser procès-verbal DE CES ATTENTATS JOURNALIERS A LA LIBERTÉ INDIVIDUELLE. D'autre part ce système d'illégalités est une condition « sine qua non » de la réussite rapide et heureuse des travaux dont l'urgence est commandée par des raisons d'intérêt public.**

» Afin de concilier la légalité avec les exigences réelles d'ordre économique ou politique, j'ai proposé à la Commission d'Enquête le système de la réquisition, à savoir que pour des travaux particulièrement importants les travailleurs pourraient être recrutés de force tout comme le milicien pour le service militaire. Ce **SYSTÈME QUI EN DROI[T] INSTAURERAIT LE TRAVAIL FORCÉ QUI EXISTE D[E] FAIT AUJOURD'HUI, mettrait tout le monde à l'aise** [e]t fixerait les droits et devoirs de chacun.

» **Jusqu'à ce jour je me suis toujours abstenu d'interveni[r] dans cette matière pour ne pas nuire aux grands intérêts d[e] l'Etat en cause** et je me suis contenté de vous signaler la situation d[u] moins en ce qui concerne le personnel des Chemins de fer des Grand[s] Lacs. Je ne veux cependant pas être suspecté de complai[sa]nce ou de négli[-] gence. Telle est la raison qui m'engage à vous demander des instruction[s] qui me permettront de tenir une conduite en même temps **conform[e] aux intérêts de l'Etat et aux devoirs de ma charge** ».

Dans un rapport subséquent le même fonctionnaire écrivait

« Je crois devoir vous signaler la façon dont a été opéré tout récemmen[t] un recrutement de travailleurs pour les Chemins de fer des Grands Lacs Le chef de zone de Ponthierville ayant reçu l'ordre de recruter dans l[a] zone qu'il commande un certain nombre de travailleurs pour cette entre[-] prise **avait chargé de cette mission un arabe** nommé Ali, chef d[e] l'importante agglomération de Kivundu. Le dit Ali aurait confié cett[e] besogne à quelques personnes de son entourage. Celles-ci en armes e[t] même nuitamment auraient fait irruption dans les demeures occupées par l[e] personnel de l'arabe Solum ben Abedi, arrêté un grand nombre de gens pillé leurs biens et même tué une femme. **Les gens ainsi capturé[s] furent envoyés à Ponthierville où ils auraient été incarcéré[s] quelques jours : de là ils furent dirigés sur les travaux de[s] chemins de fer des Grands Lacs. C'est par eux que j'ai directe[-] ment appris les faits.**

» J'ai aussitôt convoqué les témoins et coupables cités.

» **A propos de recrutement de travailleurs, un point que j[e] soumettrai incidemment à votre attention est le mode dont o[n] engage les travailleurs pour les RECHERCHES MINIÈR[ES] DE KILO, HAUT-ITURI. L'une ou l'autre fois j'ai vu en pri[-] son des individus enchaînés et dont l'incarcération ne faisai[t] l'objet d'aucun ordre écrit. M'étant renseigné, IL ME FU[T] RÉPONDU QUE C'ÉTAIENT DES GENS POUR KILO.** Je n[e] dis pas que c'est là une façon générale de faire **et du reste je n'en sais rien,** mais je vous relate simplement ce qu'il m'a été donné d[e] constater. »

Ces deux rapports prouveront, je l'espère, même aux Ministres les Grands Lacs, que Boula Matari mérite cent fois le titre de négrier que seul un vague syndicat de boursicatiers refuse de lui décerner.

L'auteur de ces rapports n'est certes pas un ennemi de Boula Matari ; il est, cela se sent, tout dévoué à l'Etat. S'il se décide à parler des illégalités, des abus dont il est journellement témoin c'est parce que la Commission d'Enquête est venue bouleverser ce délicieux petit coin de paradis des noirs ; il craint d'être suspect de complaisance.

« Jusqu'à ce jour, écrit-il, je me suis toujours abstenu d'intervenir dans cette matière pour ne pas nuire aux grands intérêts de l'Etat en cause. »

Il voit des hommes arbitrairement enchaînés : il constate le fait et puis c'est tout. « Est-ce là une façon générale de faire » ? Il n'en sait rien et ne s'en inquiète pas. Il ne veut pas compromettre les grands intérêts de l'Etat, ivoire, mines et caoutchouc. Il n'ignore pas que ces grands intérêts seraient gravement compromis le jour où l'on ne traiterait plus les indigènes comme des bêtes de somme taillables et corvéables à merci. Il indique même au Patron un ingénieux moyen de régulariser la situation :

« Décrétez, dit-il, l'esclavage institution légale, cela mettra tout le monde à l'aise ». On fera alors, sans scrupule, affluer du Haut et du Bas Congo le formidable personnel nécessaire à ces travaux colossaux des chemins de fer, des mines, des fortifications ; la chicotte et la chaîne seront abondamment distribuées à ces hordes d'esclaves auxquels souvent manquera la nourriture et auxquels on expliquera que c'est pour leur plus grand bien qu'on les extermine.

Ce sage conseil enthousiasma Boula Matari et le 27 octobre 1906, parut le décret ci-dessous :

Etat Indépendant
du Congo

LÉOPOLD II, Roi des Belges,
Souverain de l'Etat Indépendant du Congo,
A tous présents et à venir, Salut :

Vu Notre décret en date du 3 juin 1906 ;
Sur la proposition de Notre Secrétaire d'Etat,
Nous avons décrété et décrétons :

ARTICLE PREMIER

Les travaux de construction de la route pour automobiles de Buta ve le Nil, ainsi que les travaux pour le développement de la région Kilo, sont d'utilité publique.

ART. 2.

Le contingent de travailleurs à recruter pour ces travaux, dura l'année 1907, est fixé à 1450 hommes.

ART. 3.

Notre Secrétaire d'Etat est chargé de l'exécution du présent décret.

Donné à Bruxelles le 27 octobre 190

(s) LÉOPOLD

Par le Roi-Souverain :
Au nom du Secrétaire d'Etat,
Les Secrétaires généraux :
(s) LIEBRECHTS,
(s) Chevalier de CUVELIER,
(s) DROOGMANS.

Le Gouvernement pris en flagrant délit de mensonge.

De ces rapports et de ce décret, il appert que les Mines de Ki étaient avant les Réformes, comme elles le sont depuis, d'affreus galères où sont amenés les indigènes pris de force et où les mai tient la peur de la chicotte et de la prison ; il appert non moir clairement que le Gouvernement a effrontément, menti lorsqu à la question posée par M. Vandervelde: «Comment justifie-t-o que les Mines de Kilo soient exploitées au moyen du trava forcé ? », il a eu l'impudence de répondre : « Ces terrain miniers sont exploités par la main d'œuvre volontaire et e vertu de contrats de service librement consentis entre les tra vailleurs et la Fondation. » (Voir annexes au rapport de M. d Landsheere p. 72).

Est-ce que le cynisme de ces larbins de négriers n'est pas d nature à inspirer défiance aux députés honnêtes qui depui trop longtemps se laissent duper par quelques administrateur de puissantes industries en pain, ivoire et caoutchouc, dont l'unique souci est d'extorquer au Parlement un vote qui serait une honte pour la Belgique.

L'histoire de l'arabe Ali contée par le substitut sera elle aussi une révélation pour la plupart des Belges. Ils n'ont jusqu'à présent entendu que des rodomontades à la gloire de Boula-Matari qui bouta dehors les traitants Arabes. Ce qu'ils ignoraient, c'est que ces méchants Arabes sont de précieux auxiliaires de l'Etat. Celui-ci ne les autorise plus à faire la traite à leur profit ; d'un **bout à l'autre de l'immense territoire, la traite est, actuellement, MONOPOLE DE L'ÉTAT** ; le particulier qui s'y livre commet un crime sévèrement puni par la loi, il fait concurrence à Boula Matari, maître absolu de tout ce qui vit, de tout ce qui respire dans ses vastes domaines. Seulement les Arabes étant très experts dans l'art des razzias, c'est à eux qu'échoit l'honneur d'être les pourvoyeurs d'esclaves de Boula Matari qui les récompense avec son habituelle munificence : j'imagine que sur cent têtes de bétail fournies, ils peuvent en prélever une. Et voilà les travailleurs volontaires placés sous l'application du règlement de discipline militaire et dont l'écrasant, le léthifère labeur est principalement rémunéré en chicotte.

Durant de longues années, ainsi que l'a très exactement rapporté le Commandant Lemaire, l'Etat autorisa tous les Européens à administrer la chicotte à peu près à discrétion et indistinctement aux hommes et aux femmes. Afin de réduire au silence quelques grincheux, l'Etat édicta le mirifique règlement actuellement en vigueur et qui n'a d'autre but que de donner le change à l'opinion publique.

Comment on applique le Règlement

Toutes les prescriptions de ce règlement sont journellement violées, au vu et au su des autorités qui, bien loin de sévir contre les coupables, les encouragent. C'est, je l'ai dit dans ma première brochure, pour avoir protesté contre la flagellation infligée à une trentaine de bambins, que je fus tout d'abord admonesté. A Léopoldville où je résidais à cette époque, le parquet était tout proche de la Force Publique ; c'était là qu'avaient lieu les exécutions. Matin et soir j'avais les oreilles déchirées par les hurlements, les gémissements, les sanglots des infortunés suppliciés. J'évitais autant que possible ce hideux spectacle auquel étaient conviés tous les autres fonctionnaires.

Un dimanche matin, un voisin entre chez moi et me dit : « Venez donc à la Force Publique, on administre la chicotte à tous les boys : l'un des vôtres en a déjà reçu ». Je sors et que vois-je ? Une trentaine de gamins dont plusieurs âgés de sept ou huit ans, alignés devant le bourreau et, en attendant leur tour, contemplant, terrorisés, leurs compagnons que l'on fustigeait. La plupart de ces bambins au paroxysme de la douleur poussaient des hurlements, imploraient pitié et gigotaient si affreusement que les soldats chargés de les maintenir par les pieds et par les mains étaient obligés de les soulever de terre afin qu'on pût les cravacher. La brute qui présidait ravie à la torture comptait les coups et vingt-cinq fois la chicotte cingla chacun des mioches. Je m'informai du motif pour lequel on avait prononcé ces condamnations. J'appris que la veille, en revenant du travail, quelques enfants avaient commis le crime épouvantable de rire en présence du garde-chiourme. Celui-ci, sans même rechercher quels étaient les coupables, avait exigé que tous les boys du poste fussent punis de cinquante coups de chicotte. Et mes boys, qui eux, étant dispensés du travail, se trouvaient chez moi au moment de l'attentat contre un de ces bandits qu'ici on pare du nom de « Nos glorieux Héros », furent aussi convoqués à la cérémonie.

Le lundi à six heures du matin devait être distribuée la seconde ration de vingt-cinq coups. Je me rendis immédiatement chez le Commissaire de district qui, sans le moindre examen, avait acquiescé à la réquisition de son subordonné. Il voulut bien admettre qu'on avait exagéré et il me promit que la seconde représentation serait interdite, ce qui provoqua des cris de rage.

Je rentrai chez moi exaspéré et écrivis à Boma une lettre dans laquelle j'exhalai mon indignation, réclamant un châtiment exemplaire pour le sanguinaire tortionnaire. Je faisais observer que toutes les prescriptions du règlement avaient été violées, que les torturés étaient des bambins et non des hommes, qu'il ne s'agissait pas d'une faute grave, qu'enfin et surtout on avait condamné en tas et au maximum de la peine, sans s'inquiéter de savoir si ceux que l'on punissait étaient coupables ou non.

Je fus admonesté et, en un long factum, on m'expliqua les devoirs du magistrat tels que les entend Boula-Matari, ça sue l'hypocrisie. Ecoutez :

« M. le Gouverneur Général est comme vous d'avis que la punition corporelle du fouet jusqu'à vingt-cinq coups, ne peut être infligée qu'aux individus dont le développement et la force physique peuvent supporter pareille punition...

» Les règlements d'autre part n'ont pas déterminé d'une façon formelle la quantité de coups de fouet qu'il est permis d'infliger aux jeunes gens qui ne font pas partie du personnel indigène confié aux associations d'éducation et d'instruction, mais M. le Gouverneur Général croit peu concluant l'argument que vous tirez de l'article 6 du règlement de discipline, car il est évident par tous les rétroactes de cette disposition que le mot « Homme » n'est pas opposé ici à « Enfant » mais à « Femme »; votre raisonnement qui se sert de l'argument a contrario, argument toujours dangereux, conduirait d'ailleurs à déclarer, que sous l'empire de nos règlements, les jeunes gens qui n'ont pas encore atteint l'âge d'hommes ne pourraient être punis notamment de la peine du fouet.

» La vérité est qu'en cette matière les autorités administratives compétentes ont un pouvoir discrétionnaire dans les limites des prévisions de nos règlements pour déterminer la peine qu'il y a lieu d'infliger aux coupables. Elles puiseront les éléments de leur décision dans la gravité de la faute commise, dans les nécessités de maintenir la discipline eu égard aux circonstances, dans le caractère plus ou moins mauvais ou indiscipliné de celui qui doit être l'objet de la répression, dans son âge et son développement.

» **En cette matière le Parquet ne pourrait intervenir sans outrepasser ses droits, que s'il y avait abus manifeste qui serait caractéristique de l'intention coupable d'attenter à la personne d'un individu** et non pas un emploi des moyens de correction prévus par nos règlements dans le but d'amender.

» **Encore** sur la question de savoir s'il doit ou non intervenir, **devra-t-il se montrer prudent en raison de son incompétence** à statuer sur certains points, notamment sur celui qui est relatif aux nécessités de la discipline comme aussi celui de la gravité de la faute et du plus ou moins d'endurance de l'individu puni.

» Ce sont là, semble-t-il bien, les principes légaux qui doivent régler le point en discussion et je ferai appel à ce sujet à vos souvenirs sur les règles généralement admises en ce qui concerne les rapports qui doivent exister entre l'administration et le pouvoir judiciaire lorsque la première agit dans les limites légales de ses pouvoirs.

» En fait et même examiné au point de vue administratif, M. le Gouverneur Général croit devoir dégager l'administration du district du Stanley-Pool de la faute que vous lui imputez avec le caractère que vous lui donnez : sans discuter si oui ou non, il y ait eu sévérité excessive dans l'application de la peine infligée, il remarque que vous signalez, que M. le Commissaire n'a donné l'ordre de punir qu'à la suite d'une erreur de sa part sur l'âge des enfants.

» Il remarque d'ailleurs qu'il n'accepterait qu'avec les plus extrêmes réserves, en ce qui concerne M. le Commissaire, pareil reproche à celui que vous émettez.

» Sa modération bien connue, sa bonté de cœur, sa grande expérience en tout ce qui concerne l'indigène, tant au point de vue moral que physique, son habitude de conduire les hommes, sont autant de garanties que les punitions qu'il infligerait en connaissance de cause, seraient équitables et méritées.

» D'autre part, sa décision couvre le fonctionnaire que vous incriminez plus particulièrement ; toutefois, celui-ci aurait-il peut-être à répondre de ce fait, qu'il n'a pas renseigné complètement M. le Commissaire sur les circonstances de l'affaire.

» En ce qui concerne l'administration du district du Stanley-Pool, le Chef du Gouvernement local écrira à M. le Commissaire dans le sens des idées émises au commencement de cette lettre et le priera également de déterminer un autre endroit que celui choisi actuellement pour l'application du fouet.

» Il vous prie, d'autre part, de remarquer que **s'il a pu accepter cette fois votre intervention** dans la question comme protecteur des noirs, c'est qu'il a voulu la considérer comme n'ayant qu'une portée générale; **il ne pourrait admettre** sans discussion que ce rôle puisse autoriser dans chaque cas particulier indistinctement le fonctionnaire qui en est chargé d'intervenir dans les rapports qui peuvent exister entre le noir intéressé et l'administration ou telle autre autorité dont il dépend ; pareille immixtion lui paraîtrait non seulement destructive de toute discipline, eu égard spécialement au caractère de la personne qui interviendrait et dans nombre de cas de l'irresponsabilité dont elle est revêtue, mais encore il lui semble qu'elle sortirait des limites des prévisions de la loi... Il espère toutefois que les réserves ci-dessus seront comprises par vous, que vous vous inspirerez pour votre direction des raisons invoquées ; il fait aussi appel à l'esprit de conciliation qui doit dominer tous les autres rapports qui existent entre les autorités administratives et judiciaires, au calme et à la réflexion qui doivent inspirer tous vos actes ».

LE ROLE DE LA JUSTICE AU CONGO

Défense formelle aux magistrats de dénoncer les abus ou même les crimes.

Ce patelin charabia signifie que M. le Gouverneur Général est de mon avis, mais que néanmoins j'ai tort sur toute la ligne.

Lorsque le règlement dit « Homme », lui interprète « Bambin »; et lorsque je lui démontre que les préposés à la chicotte sont coupables, l'un de la plus blâmable négligence, l'autre de la plus inqualifiable sauvagerie, il entonne comme Arlequin une brabançonne en l'honneur des pères fouettards. L'un n'a pas su ce qu'il sanctionnait, l'autre est couvert par la bêtise de son supérieur. « Tout va bien et les seuls répréhensibles sont les marmots que l'on a fouaillés et vous, magistrat imbécile, qui vous êtes mêlé de choses dépassant de cent coudées votre intellect borné. Vous imaginez-vous par hasard que vous êtes ici pour inspecter ce qui se passe et troubler nos inoffensifs divertissements? Alors vous êtes un jobard et, pour vous inspirer plus exacte notion de vos devoirs, on écrira à l'Administration de déterminer, pour l'application du fouet, un endroit autre que celui choisi actuellement : là, en toute sécurité et à discrétion, il sera loisible de charcuter hommes, femmes et enfants ; surtout n'y fourrez plus le nez, car du coup, M. le Gouverneur Général se fâcherait. Vous n'avez, ne perdez jamais cela de vue, aucune compétence quant à l'éducation du peuple qui, en notre admirable colonie, n'est confiée qu'aux ex-caporaux ou aux ex-saute-ruisseau ; vu leurs exceptionnelles capacités, Boula Matari leur octroie un pouvoir discrétionnaire quant au tannage des noirs. A l'avenir donc, ne bougez plus de votre cambuse. Je vous ai dit, il est vrai, que le parquet pouvait intervenir s'il y avait abus manifeste qui serait caractéristique de l'intention coupable d'attenter à la personne d'un individu. Cet inintelligible pathos signifie que, peut-être, il vous serait permis de vous rendre au lieu d'exécution si le bourreau vous prévenait qu'il va occire un homme à coups de chicotte et vous invitait à la cérémonie. Et, dans ce cas encore, mieux vaudrait rester chez vous. C'est ainsi qu'agissent les sages collègues sur la conduite desquels vous devriez modeler la vôtre. Boula Matari n'entend pas que vous taquiniez ses courtiers ; il est déjà assez contrarié, le pauvre homme, d'être, par suite de circonstances absolument indépendantes de sa volonté, obligé de vous entretenir, vous qui ne fabriquez pas de caoutchouc, qui donc ne coopérez en rien à sa Grande Œuvre de Civilisation.

J'eus le malheur de ne pas me plier aux injonctions de M. le Gérant en chef. Aussi inénarrable fut son exaspération lorsque, après lui avoir dénoncé les abus de la chicotte, j'accusai ses courtiers d'assassinats. Du coup il me déclara magistrat félon, il m'expédia à l'Equateur, classa mes dossiers et dédommagea les gabelous des ennuis que je leur avais causés : c'est ce que j'éclaircirai plus loin.

Afin de démontrer à la dernière évidence l'acharnement de l'Etat à entraver toute répression d'abus commis par ses fonctionnaires, je vais encore produire deux documents officiels. On y verra une fois de plus comment sont traités par l'Etat les magistrats qui ont la témérité de se conformer à la loi.

A cette époque je n'étais pas au Stanley-Pool, mais dans un autre district. Le premier document est une lettre de M. le Procureur d'Etat ainsi conçue :

« Monsieur le Substitut,

» M. le Gouverneur Général me signale que vous avez ouvert une instruction contre le Commissaire de district au sujet d'un coup de pied donné par ce dernier à un travailleur noir, il y a neuf ou dix mois.

» J'ai l'honneur de vous prier de me faire savoir si la chose est exacte et s'il est vrai que vous ayez profité de l'absence du Commissaire du distric pour ouvrir une enquête.

» 2° Que vous ayez interrogé trois employés subalternes de C...

» Vous auriez dû procéder aussi confidentiellement que possible et même me demander mon avis au sujet de l'opportunité de ces poursuites.

» 3° Que le fait daterait de dix mois et que le substitut précédent n'a même pas cru devoir vous en saisir, eu égard au caractère anodin de l'acte.

» Je constate que non seulement vous ne m'avez pas signalé cette enquête, mais que vous ne l'avez pas fait figurer dans vos relevés mensuels.

» Si les faits sont tels qu'ils sont signalés à M. le Gouverneur Général, vous sembleriez avoir agi dans l'intention mauvaise de porter

atteinte au prestige du Commissaire de district et avoir ainsi agi sous l'influence d'un ressentiment personnel. Telle est l'opinion de M. le Gouverneur Général.

» Je vous prie de bien vouloir me faire parvenir vos explications le plus tôt possible. »

Voici ma réponse :

« Monsieur le Procureur d'Etat,

» J'ai l'honneur de vous faire savoir que les allégations de M. le Commissaire de district auxquelles vous faites allusion dans votre lettre sont complètement inexactes.

» 1° Toute ma conduite proteste contre l'affirmation du Commissaire, que j'ai profité de son absence pour ouvrir une instruction contre lui. Il sait mieux que personne que ses colères et ses cris ne m'auraient pas arrêté dans l'accomplissement de ce que je croyais être mon devoir.

» 2° Les employés que j'ai interrogés et que le Commissaire traite de subalternes étaient, l'un son homme de confiance, son secrétaire chef de bureau de l'intendance, le 2e le greffier, officier de l'Etat-civil, le 3e enfin le percepteur des postes. Si ces messieurs sont des subalternes, je me demande où sont à C... les employés supérieurs.

» Je me proposais évidemment, l'instruction terminée, de vous communiquer le dossier. J'ignorais, les circulaires ne le prescrivant pas, qu'une autorisation préalable à l'instruction était nécessaire lorsqu'il s'agissait de crimes ou délits commis par certains fonctionnaires...

» 3° Les faits s'étaient passés, m'a-t-on dit, peu avant le départ de mon prédécesseur. Ils n'étaient pas si anodins puisque plusieurs blancs s'en étaient émus et que la victime portait encore la trace des coups de pieds reçus.

» J'ai cherché dans les archives du parquet et je n'ai trouvé trace d'aucun procès-verbal. Si l'affaire eût été classée par mon prédécesseur, je n'aurais pas recommencé l'instruction.

» Si l'affaire ne figurait pas au relevé mensuel de décembre, le dernier que je vous ai transmis, c'est pour l'unique motif que le premier procès-verbal est du commencement de janvier.

» **M. le Gouverneur Général estime que j'ai agi par ressentiment, en vue de porter atteinte au prestige de M. le Commissaire de district. C'est, au sujet d'un acte accompli dans l'exercice de mes fonctions, conformément aux prescriptions de la loi et selon toutes les formes légales, une appréciation que je ne puis admettre et contre laquelle je proteste énergiquement.**

Il me semble que si à quelqu'un pouvait être adressé le reproche d'avoir agi par ressentiment, d'avoir porté atteinte au prestige d'un autre, ce serait à M. le Commissaire seul. En effet, durant mon court séjour à C..., il n'a cessé d'adresser plaintes sur plaintes contre moi, il n'a cessé de me manifester même publiquement son animosité, se montrant vis-à-vis de moi, non seulement discourtois, mais même grossier. Il a, enfin, entravé autant qu'il était en son pouvoir, l'exercice de ma mission, en me refusant les choses les plus indispensables que je lui demandais et qu'il avait le devoir de mettre à ma disposition.

» Dans ce district les steamers sont à la disposition de M. le Commissaire seul ; les substituts sont obligés de voyager en pirogues et quelles pirogues ! et de loger sous les palmiers, les tentes étant, comme les bateaux, la propriété exclusive de M. le Commissaire. L'une de ces tentes se trouvait depuis plusieurs mois au magasin des successions. Le Commissaire me fit défense de l'emporter. Au retour d'un voyage au travers la forêt, voyage au cours duquel je couchai plus d'une fois sous les arbres, je vis cette tente exposée au château que construisait le commissaire et servant, je pense, de portière ».

Il s'agissait en l'espèce de travailleurs auxquels, pendant qu'on leur administrait la chicotte, le chef ami de M. le Gouverneur Général avait flanqué des coups de pied à la tête ; l'un deux portait encore après cinq ou six mois, traces de ses blessures. Cette scène répugnante avait révolté les agents du poste, pas extraordinairement sensibles cependant.

C'est par eux, que je fus mis au courant ; les noirs que j'interrogeai tremblaient en songeant aux représailles dont ils seraient l'objet de la part de leur féroce et vindicatif garde-chiourme. J'instruisis, c'était mon droit, c'était mon devoir ; je n'avais pas à demander de permission et je m'en gardai bien. Je savais trop que la réponse serait : « les poursuites sont inopportunes » ; jamais les poursuites ne sont opportunes lorsqu'il s'agit d'assassins ou de tortionnaires fabriquant le caoutchouc pour Boula-Matari. Pour avoir accompli mon devoir j'eus encore une fois l'honneur d'être vilipendé par le Gérant en chef.

Inutile de dire que le coupable ne fut pas poursuivi, mais récompensé : quant à moi, on me refusa l'augmentation de traitement accordée à de véritables fripouilles et mes notes portaient « **MAUVAIS MAGISTRAT** ».

Jamais, sauf lorsqu'il y a été contraint, cet Etat qui n'a vécu que de crimes n'a autorisé les poursuites contre les bandits.

J'ai communiqué à la commission d'Enquête des dossiers établissant le refus formel d'autorisation de poursuites pour des faits très graves qui s'étaient passés à Eala où, je le savais, les travailleurs sont de vrais martyrs. Une première fois le Gouverneur Général avait dit qu'il adresserait une verte semonce aux agents et que s'ils récidivaient, ils seraient condamnés. Quelques mois après, nouveau dossier accompagné de témoignages d'Européens: plusieurs travailleurs avaient été férocement charcutés. Même réponse du Gouverneur Général : « les coupables seront réprimandés ».

Je me fâche, je renvoie le dossier en insistant et en faisant remarquer que les semonces ne produisent aucun effet. **Le Gouverneur Général me répond très vertement qu'il n'admet pas que je lui retourne un dossier lorsqu'il m'a prescrit de le classer.** Un troisième dossier arrivé au Parquet en 1906, a subi le même sort que les deux autres.

A Boma, j'ai eu beau demander l'autorisation de traduire devant le tribunal une espèce de brute qui, du matin au soir, maltraitait ses travailleurs, jamais je n'ai réussi. Le personnage se savait tabou et il prenait un malin plaisir à bourrer, en ma présence, ses hommes de coups de pied et de coups de poing. C'est ce qu'il fit encore lors de mon dernier voyage avant même que les passagers arrivant d'Europe, n'eussent quitté le bateau. Je crois qu'il avait pour mission spéciale de montrer aux nouveaux venus comment Boula-Matari entend que l'on civilise ses sujets.

Au cours de mon dernier voyage, des magistrats me contèrent le fait suivant.

Un travailleur de steamer est traduit devant le tribunal du chef de désertion. A l'audience il est établi que le capitaine avait férocement supplicié cet homme, qu'après l'avoir abondamment chicoté, il l'avait, durant deux jours, enchaîné de telle façon qu'il lui était impossible de se mouvoir, et cela sur la plainte d'un passager auquel il n'avait pu procurer de l'eau limpide, vu que l'eau du bord était de l'eau croupissante.

Le tribunal acquitta et en transmettant copie du jugement à l'Administration, il la pria d'examiner s'il n'y aurait pas lieu d'infliger une peine disciplinaire au capitaine. L'Administration réclama le dossier : le juge ayant refusé, ordre lui fut donné par le Gouverneur Général de s'incliner devant l'Administration. L'Administration recommença l'instruction. Sa conclusion fut que les juges étaient des idiots, qu'ils s'étaient laissé berner et que le seul coupable était l'individu martyrisé. Il fut rendu au bourreau qui, sans doute, pour le punir de son acquittement, le retanna copieusement en présence de l'équipage. C'est ainsi qu'on relève le prestige de la magistrature et qu'on inspire aux noirs une frousse salutaire du juge : chaque fois en effet qu'une victime de ces barbares se plaint, elle est chicotée. Et vous voyez ici toute l'Administration se coaliser contre les juges, qui ont condamné une mauvaise bête. Comme conséquence des Réformes, ce n'est pas mal.

Pendant mon dernier voyage encore j'appris par un chef de poste, que son prédécesseur avait, consécutivement durant huit jours, administré la chicotte à un jeune boy, parce que la soupe était trop ou insuffisamment salée, la viande saignante ou trop cuite. Le même individu faisait enchainer son chien, une brave grande bête, que j'ai vue encore toute craintive, et pour charmer ses loisirs, le faisait lui aussi chicoter.

A Niangara enfin j'eus des démêlés avec les caporaux de diverses catégories qui enchaînaient ou fustigeaient sans motifs soldats et travailleurs. Un jour, le 21 mai 1907, un gamin poursuivi par des soldats, accourt tout éploré chez moi ; il me dit qu'on veut le cravacher parce que, involontairement, il a cassé une bouteille. Je lui remets un billet demandant des explications. Le jeune garnement auquel le billet est présenté le refuse, beuglant en présence de ses chefs et de façon à ce que je l'entende, qu'il se moque du juge, qu'il n'a pas d'explications à lui donner, qu'il lui plait que la chicotte soit infligée et qu'elle le sera. Evidemment les Grands Chefs félicitèrent ce héros d'avoir ainsi publiquement manifesté en quel mépris il tenait le juge, et pour prouver aux autres esclaves combien il est dangereux d'approcher du juge, on doubla la dose de chicotte ainsi que je le sus ensuite. Un grand chef me fit dire que le bris de la bouteille n'était pas le seul crime du boy : ce fut tout.

Mes aventures à Léopoldville.

Chaque fois que l'on a signalé les atrocités dont le Congo fut le théâtre depuis le moment où Boula-Matari commença à le civiliser jusqu'à nos jours, le syndicat Kowalski s'est évertué à brailler qu'il s'agissait de cas isolés, que de plus dès qu'un délit était connu, on poursuivait les coupables. Les faits mentionnés dans une première brochure et ceux dont je viens de parler font justice de ces outrecuidants mensonges. Je vais mieux encore prouver que je n'ai pas parlé à la légère lorsque j'ai affirmé que massacre, pillage, torture étaient tout le Régime Congolais et que toutes les atrocités qui se sont commises l'ont été par ordre et avec approbation de l'Etat.

Voici donc ce qui m'advint à mon premier terme.

Léopoldville est le chef-lieu du Stanley-Pool ; il est tout proche de Boma, capitale du Royaume et siège du Gouvernement local. En cinq ou six heures le bateau vous transporte de Boma à Matadi et en deux jours le chemin de fer vous conduit à Léopoldville. C'est là que je fus envoyé en qualité de substitut.

Je ne tardai pas à apprendre que même en ces régions voisines de la capitale, il s'était commis, il se commettait encore journellement des crimes épouvantables. Au lieu donc de suivre les paternels conseils de M. le Gouverneur Général et de m'enfermer chez moi afin de ne rien voir, je me mis en route afin d'aller contempler dans tout son épanouissement la civilisation de Boula-Matari. C'est dans ce but que je m'étais embarqué. Je me proposais à mon retour de chanter la gloire et les vertus de nos intrépides civilisateurs, le désintéressement, la générosité, la grandeur d'âme du Patron. Au lieu de composer un poème épique, je dresse un acte d'accusation.

A chaque pas j'appris des choses terrifiantes.

Je vais encore, afin qu'on ne puisse m'accuser de mystification, produire des documents dont on n'osera pas nier l'authenticité en supposant même ce qui est fort à craindre, que quelques-uns d'entre eux aient été enfournés avec les budgets, le rapport du major M... et les procès-verbaux de la Commission d'Enquête.

Pour donner une idée de la mentalité des agents de Boula-Matari, je citerai d'abord une lettre écrite par l'un d'eux à un missionnaire. Le Père Vermeersch dans son ouvrage page 201, fait allusion à cette lettre. « On connaît la parole terrible d'un fonctionnaire : « La saison a été bonne, nous avons fait beaucoup de caoutchouc et répandu peu de sang ». Plus récemment un commissaire général donnait à un agent l'ordre de faire du caoutchouc, coûte que coûte. L'agent, nous aimons à penser que ce fut dans un moment d'aveuglement, écrivit à un missionnaire qu'il ferait du caoutchouc dût-il en coûter la vie à cinquante indigènes »

Le trop indulgent religieux avec cette mansuétude, cette naïveté qui a joué tant de vilains tours à ses confrères du Congo, aime à penser que l'agent a écrit cette phrase dans un moment d'aveuglement. Sa bonté d'âme l'induit en erreur. Il suffit pour s'en convaincre de lire en entier cette fameuse lettre :

« Cher Père B...,

» Bien reçu votre aimable lettre. J'ai vingt nattes en magasin. Je vous les envoie. J'en ferai acheter encore une centaine que je tiendrai à votre disposition.

Mes gens sont dans vos environs pour récolter des travailleurs ; ils sont allés à L..., K..., Ky.... L... et Ki... Je suis curieux de connaître le résultat, **si les chefs ne feront pas de difficultés pour livrer les gens.** Je vous renvoie cent mitakos, les enfants n'en avaient que trois cents. **J'ai fait avertir les gens du Nord, Nord-Est et Ouest de ma région pour la livraison du caoutchouc** à la fin de ce mois ; il y a déjà des déserteurs dans la brousse (sale région que K...). **M. A... n'a pas de peine à faire travailler ses gens. Le mois passé, il a fait neuf cents kilogs de caoutchouc. Je ne dois pas vous dire qu'il est bien noté chez le nouveau Commissaire Général.**

Les indigènes ne connaissent pas la grandeur des fautes qu'ils commettent ; ils ne seront contents que quand les palabres recommenceront et, s'ils me poussent à ces mesures, je les avertis que je ne me contenterai pas d'en tuer une quarantaine.

» J'ai des étoffes en magasin, indigo drills, etc., je puis donner une brasse d'étoffe par kg. de caoutchouc de lianes. M. le Commissaire général m'avait écrit de payer à raison de 60, 70 ou 80 cent. le kg., mais je trouve que quand l'indigène travaille, il faut le bien payer et en cela je suis de concert avec

M. A... Ce n'est pas le temps de reculer, maintenant que nous avons stipulé nos prix depuis l'institution des chefferies reconnues.

» Quant à la chefferie de L..., si vous pouvez m'envoyer un homme digne et capable, je l'élèverai au rang de Mundele Dumbi.

» Je vous envoie quelques citrons doux, vous pouvez les propager à N...

» Bien à vous, mon cher Père, et au plaisir de vous revoir. »

(s.) V.

Bien reçu votre lettre, j'ai des nattes, je vous en enverrai : ce n'est pas là la manière d'écrire d'un homme égaré. Il annonce qu'il massacrera les indigènes tout comme il annonce l'envoi de nattes. Cette lettre est typique : elle découvre dans toute sa splendeur l'état d'âme d'un courtier qui, après quelques mois de service chez Boula Matari, a pris conscience de la sublimité de son métier et saisi tout ce qu'il y a de grandiose à accumuler des tonnes de caoutchouc, fût-ce au prix de milliers de vies humaines.

Ecoutez-le ce potentat : « J'ai fait avertir les gens du Nord, Nord-Est et Ouest de ma région » ; regardez-le écrire à un religieux: « Les indigènes ne connaissent pas la grandeur des fautes qu'ils commettent. » Ah ! ces misérables indigènes ! durant quinze longues années, on les a transformés en bêtes de somme, on a expérimenté sur eux tous les genres de tortures, on a saccagé leurs villages, incendié leurs chimbecks, dévasté leurs cultures, raflé leur bétail, l'immense majorité des habitants a mordu la poussière sur la funèbre route Matadi-Léopoldville et, aujourd'hui, les survivants ne fournissent pas des centaines de tonnes de caoutchouc, ils ne connaissent pas la grandeur des fautes qu'ils commettent !! Et puis, A.... fait sans peine neuf cents kilogs; il est vrai que j'eus beaucoup à m'occuper de cet A..., si bien noté chez M. le Commissaire Général.

Et n'oubliez pas que ce personnage est un gringalet de 22 à 23 ans, ex-magasinier, je crois!!!

Dominé par le désir d'obtenir de l'avancement et d'acquérir l'estime de ses chefs, il eut le tort de ne pas tenir compte de l'avertissement que lui avait donné le missionnaire : « Exécutez les » ordres que vous recevez de vos chefs, mais sachez bien que vous » ne léserez aucun droit des indigènes sans que vous ayez affaire » à moi. Si vous êtes sage, demandez des ordres par écrit, sinon, » à la première injustice, on vous jettera par dessus bord.»

Je dois, bien à regret, constater que le débonnaire religieux qui adressait ces remontrances et qui manifestait si énergiquement la volonté de s'opposer à l'extermination des noirs, se laissa, peu après, émouvoir par les pleurnicheries des assassins : il s'employa de tout son pouvoir à leur éviter le châtiment qu'ils avaient si bien mérité. Cette faiblesse était d'autant moins excusable de sa part qu'il était mieux que personne renseigné sur les horribles méfaits des sinistres sicaires de Boula-Matari, qui infestèrent cette région et dont jamais un seul ne fut inquiété. C'est par lui que je fus mis sur la trace de certains de leurs exploits, de ceux entre autres de cet insigne bandit E..., dont je parlerai plus loin ; c'est lui qui avait mis l'Etat en demeure de ne plus reprendre ce monstre à son service.

Il ne comprit pas, je l'avais cependant prévenu, que son intervention en faveur des coquins serait une arme dont l'Etat userait contre moi. L'évènement démontra que je ne m'étais pas trompé. De toutes les épreuves que j'eus alors à subir, celle-là fut de loin la plus douloureuse. Etre en butte aux avanies, aux outrages, aux injustices de ceux que l'on méprise, cela n'est peut-être pas toujours gai. Cependant, on ne s'en désole pas, surtout lorsque l'on s'y est délibérément exposé. Mais, au moment où, contre une meute déchaînée, vous défendez le droit et la justice, être témoin de la défection de ceux que v us considérez comme l'incarnation des principes de droit et de justice, cela cause une cuisante déception.

Je m'empresse de déclarer que tous les collègues de ce prêtre trop miséricordieux déplorèrent son attitude, comme ils déplorent aussi l'attitude des religieux qui, soit au Congo, soit en Europe, se font les apologistes des négriers et poussent l'inconscience jusqu'à collaborer à des pamphlets en lesquels la vérit' n'a jamais accès.

L'agent V... ne tint donc pas compte des admonestations des missionnaires et, trois mois plus tard, il écrivait : «M. A... s'établira près de la N'Sellé, afin de pouvoir dominer les deux différentes régions. Il fera ou bien M. K... viendra faire un nettoyage de la Lukunga (nettoyage, en termes de courtiers, signifie massacre).

« C'est plus que temps : les plaintes des indigènes soumis au » sujet de cette abominable région — (abominable parce qu'elle » ne fournit pas suffisamment de caoutchouc) — deviennent de » jour en jour plus fréquentes. J'ai envoyé, il y a trois jours, sur » la demande du chef reconnu Luyeye de Kiniengo, des soldats » dans un village non loin de celui du chef reconnu : je ne sais » encore rien de l'affaire, mes soldats ne sont pas encore rentrés. »

Me baladant en ces parages, je connus, moi, l'affaire. La voici en deux mots. Conformément à une tactique adoptée dans tout le Congo, on avait accordé à quelques chefs de la région un droit de suzeraineté sur d'autres. Dans le choix de ces suzerains, on ne tenait, on ne tient encore aujourd'hui, aucun compte soit de l'ancienne organisation des villages, soit des coutumes Au contraire, le seul but poursuivi par l'Etat en établissant les chefferies fut de bouleverser complètement la vie indigène. Voici comment il procéda partout, dans le Stanley-Pool aussi bien que dans l'Uélé. Aux premiers temps de l'occupation, on fusilla ou l'on pendit tous les chefs dont l'autorité portait ombrage à Boula-Matari. On les remplaça soit par des chefs de moindre importance, soit même par des esclaves que l'on imposa aux populations terrorisées. Dans sa lettre, notre galopin n'écrit-il pas : « Quant à la chefferie de Lemfu, si vous pouvez m'envoyer un homme digne et capable, je l'élèverai au rang de Mundele Dumbi »!!

Ces chefs médaillés n'ont d'autre mission que de contraindre les indigènes placés sous leur dépendance à fournir ce que Boula-Matari exige. Tout leur est permis, pourvu que le caoutchouc abonde et que travailleurs et soldats réquisitionnés soient amenés en foule dans les géhennes.

Leur situation n'est pas toujours enviable car, lorsque le caoutchouc ne rentre pas ou que les travailleurs ne se laissent pas bénévolement passer la corde au cou, c'est à eux que l'on s'en prend et on les encage jusqu'à ce que les contribuables aient payé leurs impôts!! on leur inflige aussi de formidables amendes. D'autre part, s'ils font preuve de vigueur, ils sont récompensés. Je laisse à penser si, dans ces conditions, ils sont tendres à l'égard de leurs vassaux. Aussi, une circulaire de M. le Procureur d'Etat exhorte-t-elle les substituts à ne pas s'immiscer dans ces affaires. Elle est assez intéressante et je la transcris :

« Monsieur le Substitut,

» J'ai l'honneur de vous informer que les palabres indigènes ne sont pas de votre compétence et que c'est à l'autorité administrative — (l'autorité administrative c'est, par exemple, le jeune galopin qui, pour faire du caoutchouc, ne se contentera pas de tuer une quarantaine d'indigènes) — qu'il appartient de les régler.

» L'examen et le règlement de ces palabres peuvent avoir des rapports avec la politique — (la politique c'est le caoutchouc) — du district ou peuvent donner à celui qui les règle des renseignements utiles et le moyen de faire subir l'influence de l'Etat dans le sens exigé par les circonstances. — (Le sens exigé par les circonstances c'est la progression constante des tonnes de caoutchouc.) —

» Au contraire, si elles étaient réglées par un autre fonctionnaire — (un méchant magistrat peut-être) — ce résultat ne peut être obtenu, il peut même être contrecarré. — (En poursuivant des courtiers assassins, j'avais incontestablement contrecarré ce résultat.) —

» Dans le même ordre d'idées, il importe également de ne pas énerver l'influence des chefs de villages, surtout ceux qui ont reçu l'investiture, car ils doivent servir d'intermédiaires entre l'Etat et les indigènes. — (C'est bien ce que j'ai dit.) —

» Je vous prierai donc non seulement de renvoyer au Commissaire de district ou à son délégué — (son délégué c'est mon galopin et ses pareils) — toutes les palabres indigènes mais même de ne pas oublier dans l'examen des plaintes que vous recevriez contre des chefs indigènes que ceux-ci ont une autorité qui ne peut être méconnue sans les plus grands inconvénients. — (S'il leur était interdit de mener à la schlague le bétail qu'on leur a confié, la production du caoutchouc diminuerait). —

» Certainement, tout le monde est égal devant la loi : mais il vous appartiendra d'apprécier si parfois il ne serait pas préférable, dans l'intérêt supérieur de l'Etat —(L'intérêt supérieur de l'Etat, c'est que tous les crimes, tous les abus soient ignorés. « afin de ne pas nuire aux grands intérêts de l'Etat en cause », comme l'écrivait un substitut.) —, dans des cas de délit de minime importance, de faire bénéficier le chef en cause d'une ordonnance de non-lieu et de le renvoyer au Commissaire de district qui pourra, s'il le juge nécessaire, le punir avec les moyens dont il dispose. »

C'est ainsi que les substituts qui dans de mirifiques instructions pour les officiers du Ministère Public ont lu : « Les officiers du ministère public sont délégués du directeur de la justice pour la tutelle des noirs. C'est une des plus belles attributions des magistrats. Elle leur permet de s'immiscer dans quantité d'affaires où l'indigène se trouve lésé sans que la loi soit violée et de lui faire rendre justice » apprennent petit à petit que tout cela sont des fariboles dont un magistrat soucieux de plaire à Boula Matari ne doit jamais se préoccuper.

Je reviens à mon histoire.

Mfumu Luyeye était un chef médaillé; il était en querelle avec mfumu Baluka qui, paraît-il, refusait de reconnaître sa suzeraineté. Luyeye était un homme ambitieux, farouche, intraitable, redouté de ses voisins. C'est à ces qualités qu'il devait son investiture.

Un jour il se rend à K...; il expose au chef de poste que Baluka refuse de faire du caoutchouc et de fournir des travailleurs, que c'est un révolté dont il faut châtier l'insolence. Il s'offre à aller lui-même soumettre le rebelle et il dépose aux pieds du gabelon ravi cinquante kilogs de caoutchouc. Le gabelon ne pouvait qu'applaudir aux glorieux projets de ce valeureux collaborateur. Aussi n'hésite-t-il pas à placer sous ses ordres les sept soldats dont il prétendait avoir besoin pour subjuguer l'ennemi. A leur tête et accompagné de ses propres guerriers, Luyeye envahit le village de Baluka, lui fracasse un bras, tue un ou plusieurs indigènes et chaparde tout ce que les fuyards ont abandonné.

Mfumu Baluka grièvement blessé se réfugie avec quelques-uns de ses hommes dans une forêt voisine ; il y construit quelques huttes en feuilles, espérant que là au moins il sera à l'abri de nouvelles agressions. Il ne savait pas à quel point les sbires de Boula-Matari sont implacables. Ceux-ci veillaient, ils avaient juré la mort de ce dangereux adversaire de l'Etat. C'est alors qu'ils organisèrent la mémorable campagne dont, en lui communiquant le dossier, je rendis en ces termes compte à M. le Procureur d'Etat:

« J'ai l'honneur de vous transmettre le dossier de l'instruction à laquelle j'ai procédé en vertu de votre dépêche.

» L'affaire de Kimbaluka constitue selon moi un acte de brigandage dont (la responsabilité incombe à MM. le Chef de zone, A..., V... et mfumu Luyeye qui tous quatre doivent être poursuivis.

» V... ébloui par le caoutchouc que lui apportait mfumu Luyeye a fourni à celui-ci les hommes qui sous sa conduite ont, une première fois pillé, volé, massacré des gens inoffensifs. Le hameau de Kimbaluka composé de vingt cases au plus, situé aux confins du district, au milieu des montagnes, ne menaçait certainement pas la sécurité de l'Etat. De plus, il est probable que mfumu Baluka n'avait pas même refusé le boy que lui réclamait mfumu Luyeye, qu'il l'aurait certainement amené si la demande lui en avait été faite par un autre que par son ennemi Luyeye. M. V... qui n'avait évidemment aucune idée de ce qu'était le hameau de Kimbaluka s'empressa de satisfaire le désir de mfumu Luyeye et lui confia le commandement de sept hommes armés. M. V... a commis une faute lourde qui a eu les plus fâcheuses conséquences; il doit être poursuivi. S'il s'était donné la peine de prendre des renseignements dans la région, il aurait appris que mfumu Luyeye est un homme redouté qui veut imposer son autorité à tous et qui nourrissait une haine particulière contre mfumu Baluka. Il en est de même de M. le chef de zone qui, connaissant la faute commise par son subordonné, envoya néanmoins une véritable armée pour réduire à merci un malheureux blessé et réfugié dans une hutte au milieu de la forêt. Or ce redoutable adversaire avait, à ce moment déjà, prié mfumu Lula d'intercéder en sa faveur auprès du Père B... afin d'obtenir protection contre Luyeye. C'est ce que révéla une enquête faite par le Chef de zone à la suite d'une plainte du Père B..., plainte dont la justice n'a pas été saisie... et mfumu Luyeye ne fut pas poursuivi : le chef de zone classa l'affaire. Quant à M. A..., il s'est acquitté sauvagement de la mission qui lui était confiée. Au petit jour, guidé par un homme qui connaissait la retraite du pauvre chef blessé, il fait envahir la forêt et quand il aperçoit gravement atteint par un coup de fusil l'ennemi de Luyeye, il l'achève d'une balle de révolver, il fallait que cet homme mourut. C'était ce qu'il avait dit à mfumu Luyeye : « N'dolo gwenda twefumbula Baluka, nous allons achever Baluka. » Cela fait, il s'adressa à son ami Luyeye : « Baluka bukafuidi, n'ga m'bote, Baluka est tué, c'est bien ? »

» C'était le but de l'expédition; aussi ce haut fait accompli, il s'assied, déjeûne et s'en va emmenant avec lui femmes, chèvres, cochons, etc. Il était venu pour tuer mfumu Baluka, les soldats l'avaient blessé, lui l'avait achevé.

» L'affaire de Kimbaluka qu'on présentait presque comme un glorieux fait d'armes, n'a donc été qu'un lâche assassinat, car, selon moi, il y a eu préméditation. Ce qui le prouve encore, c'est que l'accusé n'a tiré son coup de révolver qu'après s'être assuré que l'homme à la mâchoire fracassée qu'il avait devant lui, était bien Baluka.

» Pour saisir tout l'odieux de ce crime, il faut avoir vu ce misérable chimbèque isolé au cœur de la forêt où ce malheureux avait cherché asile contre son ennemi et où, traqué comme une bête fauve, tombé sous la balle d'un soldat, faisant de vains efforts pour se relever, un civilisé vient froidement, lâchement lui brûler la cervelle.

» En ce qui concerne mfumu Luyeye, l'ennemi de Baluka, l'instigateur des affaires, sa responsabilité est évidente. Je me disposais à le mettre en état d'arrestation lorque je reçois votre télégramme ordonnant de laisser l'accusé A... en liberté. Celui-ci de son côté m'avertit qu'il vient de recevoir l'ordre de M. le Gouverneur Général de remplacer provisoirement le chef de zone. Cela me stupéfie. Je crains fort que la nomination même provisoire de l'accusé A... comme chef de zone ne produise une singulière impression sur les blancs comme sur les noirs.

» Quant à moi, dans ces conditions, je ne puis que m'abstenir et vous laisser le soin de prendre à l'égard des inculpés telle mesure que vous jugerez bon.

» Je me rends à Gungu dont les habitants se sont plaints eux aussi de tueries, de pillages absolument injustifiés et dont le chef de zone aurait été l'ordonnateur, M. A... encore, l'exécuteur. »

Outre le chef Baluka, trois indigènes furent tués, les femmes furent amarrées, les chèvres, porcs, poules, que les malheureux avaient sauvés des mains de Luyeye furent volés.

L'instruction à laquelle je procédai sur les lieux ne laissait guère de doute sur la culpabilité de l'accusé qui même avouait avoir achevé le chef d'un coup de revolver.

A la même époque j'instruisis cette affaire de Gungu, plus grave encore puisqu'elle avait causé la mort de douze indigènes.

Voici en quels termes j'en rendais compte à M. le Procureur d'Etat avant d'avoir terminé l'instruction :

« J'ai l'honneur de porter à votre connaissance les faits suivants :

» Passant à Gungu, village peu éloigné de Pesi, le chef de ce village et plusieurs indigènes vinrent se plaindre à moi de la façon dont on les avait traités.

» Voici ce qu'ils me racontèrent :

» Quand le chef de zone et A... arrivèrent à Pesi, ils convoquèrent tous les chefs. (Il faut savoir que ces grotesques potentats, domestiques des négriers, ont le droit de convoquer comme cela, selon leurs caprices, tous les chefs d'une région et de les obliger à faire, à travers monts et marais, des promenades de huit ou quinze jours. J'ai là sous les yeux un billet que le chef de zone m'envoyait de Madimba : il révèle à quel triste esclavage sont réduits les pauvres indigènes : « M. le Gouverneur Général est passé ici samedi dernier se rendant à Léopoldville, il repasse demain mercredi en route pour Boma. J'avais réuni à la gare 25 chefs reconnus, environ deux cents chefs et plus de deux mille indigènes, qui sont venus l'acclamer.» Je laisse à penser combien sincères étaient les acclamations de ces troupeaux d'esclaves obligés, sous peine d'être en révolte, d'abandonner leurs villages et de trotter durant huit ou quinze jours, au moindre caprice d'un caporal quelconque désireux de flatter la vanité d'un vilain pacha.)

» Quand le chef de zone et A... arrivèrent à Pesi, ils convoquèrent tous les chefs. Ils nous dirent que nous devions fournir trois travailleurs. Beaucoup d'hommes ayant pris la fuite à l'arrivée du Blanc, les trois boys ne furent pas envoyés de suite. Quinze jours après, sans avertissement préalable, A... avec un grand nombre de soldats fit irruption dans le village; tout le monde se sauva. Les soldats tirèrent sur les fuyards et en massacrèrent douze; ils se livrèrent ensuite au pillage, volant tout, poules, chèvres, cochons, etc., A... campa trois jours chez nous. Il alla ensuite à Kimwaho où l'on tua encore deux indigènes, A... nous envoya un peu après à Lulo, où nous étions réfugiés, deux lettres, l'une écrite à l'encre noire, l'autre à l'encre rouge, nous disant de choisir l'une où l'autre selon que nous voulions la paix ou la guerre. Nous demandâmes la paix et nous nous rendîmes à Pesi. Là, comme nous nous plaignions du pillage de notre village, A... répondit que nous étions des sots de parler de cela, que si nous avions fourni des travailleurs, ce ne serait pas arrivé. Il exigea alors cinq hommes, nous recommanda de faire du caoutchouc et d'entrenir les routes, ajoutant que si nous exécutions ses ordres, nous n'aurions plus la guerre.»

« Je pense, M. le Procureur d'Etat, que si les faits se sont passés ainsi, ils constituent un acte de brigandage. A mon avis une enquête sérieuse s'impose en vue de découvrir la vérité et d'établir les responsabilités.

» Un rapport a, je crois, été dressé au sujet de cette affaire, mais il émanait des intéressés qui avaient eux-mêmes procédé à l'enquête. C'est ce qui eut lieu également pour les meurtres de Kimbaluka.

» On m'a assuré que le village de Kivundu dans la même région, avait subi un sort identique à celui de Gungu.»

Sur ce rapport que par la suite je revis au Parquet de Boma, M. le Procureur d'Etat avait inscrit une note ainsi conçue : “**Affaire politique dans laquelle il ne faut pas que la justice intervienne. C'EST DE NÉCESSITÉ PUBLIQUE.** „

Néanmoins avant qu'on ne m'eût notifié que je devais encore moins m'occuper des assassinats que de la chicotte, je me rendis sur les lieux et je fis l'instruction. Tous les témoins que j'entendis, soldats, boys, indigènes, corroborèrent les premiers renseignements que j'avais reçus. Il fut même établi que selon la coutume de « Nos Glorieux Héros », le vaillant chef d'expédition avait eu soin de s'arrêter à une distance respectueuse du village, qu'il s'était assis dans sa chaise longue, qu'il avait placé autour de lui des sentinelles chargées de veiller sur sa précieuse personne, puis qu'il avait donné ordre aux autres soldats, une quarantaine, d'aller massacrer. Après le départ de la troupe, il se fit servir à déjeûner et attendit, l'âme en paix, le retour des chourineurs.

Ceux-ci revinrent vers midi avec une quinzaine de femmes amarrées et les chèvres, cochons, poules, étoffes quils avaient chapardés. Comme ils avaient égorgé assez bien de **révoltés !** on leur distribua de la viande. Afin que la leçon fût sérieuse, on les renvoya le lendemain au village avec ordre de fusiller si possible encore quelques indigènes. Il fut établi de la façon la plus indiscutable qu'au moment où les soldats traversèrent la première fois le village, les indigènes hommes, femmes et enfants, étaient là paisibles et que même ils offrirent des vivres aux troupiers. On ne les attaqua pas alors parce qu'ils auraient pu prendre la fuite ou se défendre. On préféra attendre la nuit et venir faire une boucherie en les surprenant le matin au saut du lit. C'est ainsi d'ailleurs qu'au dire d'une foule de soldats interrogés par moi dans le Haut et dans le Bas, « Nos Glorieux Héros » réprimèrent à peu près partout les révoltes, car on n'en doute pas, je suppose, le village de Gungu était en révolte.

L'accusé ne nia rien : il se contenta de déclarer qu'il avait agi par ordre de ses chefs : « j'avais, me dit-il, reçu de mon chef l'ordre d'agir et je n'avais pas à le discuter ; au surplus je l'approuvais. »

Et voilà ce qu'on qualifie « affaire politique dans laquelle il ne faut pas que la justice intervienne. C'est de nécessité publique ». Et lorsque l'on sait que partout, d'un bout à l'autre du Congo, on a ainsi pillé, volé, massacré avec la haute approbation de toutes les autorités administratives et judiciaires, doit-on s'étonner de ce que les gens les mieux instruits de ce qui s'est passé affirment qu'un tiers au moins de la population a été exterminé et que dans beaucoup de régions il n'y a plus ni bétail, ni vivres, ni caoutchouc.

En communiquant le dossier au Procureur d'Etat, j'écrivais :

« J'ai l'honneur de vous communiquer l'instruction à laquelle j'ai procédé relativement à l'affaire de Gungu.

» A mon avis, cette affaire constitue un acte de brigandage dont sont responsables MM. le chef de zone et A... J'estime qu'il y a lieu d'exercer contre eux des poursuites.

» L'attitude du chef d'expédition A..., telle qu'elle résulte des dépositions de nombreux témoins, est inqualifiable.

» Le seul but auquel on tendait était de terroriser les indigènes, on n'y a que trop réussi. »

J'avais, à charge des mêmes, instruit une troisième affaire. Il s'agissait d'un chef dont on voulait se débarrasser, c'était de nécessité publique. A... reçut ordre de l'amener mort ou vif à son chef de zone : en route, il l'assomma. A... reconnaissait lui avoir administré une centaine de coups de bâton, mais il niait que ces coups eussent causé la mort.

Afin de donner une idée de la rage du gouvernement lorsqu'on voulait l'obliger à poursuivre les assassins, je vais reproduire deux lettres, dont la première était, par moi, adressée à M. le Procureur d'Etat :

« J'ai l'honneur de vous transmettre le dossier ci-joint.

» Il me paraît en résulter contre M. A... des charges suffisamment graves pour le traduire devant le tribunal du chef de meurtre ou tout au moins de coups et blessures volontaires ayant causé la mort sans intention de la donner.

» M. A... se trouve encore, je crois, à Lula-Lumene, où M. L... doit le remplacer. A l'arrivée de M. L..., il se rendra au poste de Madimba et attendra que vous ayez pris une décision à son égard. Dès que j'aurai reçu vos instructions, je prendrai les mesures nécessaires pour qu'elles soient exécutées le plus rapidement possible. »

Dans trois affaires excessivement graves, selon moi, des charges très sérieuses pesaient sur A... Je n'avais pas le droit de le mettre, sans autorisation, en détention préventive. Je me contente de lui faire savoir qu'il ne peut pas quitter le district et qu'il doit attendre la décision du Procureur d'Etat. J'aurais dû lui conseiller de filer prestement en Europe et brûler mes dossiers, j'aurais été un excellent magistrat, on m'aurait félicité. Je prenais une mesure bien anodine en vue d'empêcher la fuite d'un scélérat, c'était un crime. Lisez cette lettre écrite par M. le Gouverneur Général à M. le Procureur d'Etat :

« J'ai l'honneur de vous faire savoir qu'une communication de M. le Commissaire de district m'annonce que M. le chef de poste A... a été mis en détention préventive par M. le Substitut Lefranc.

» Or, les faits de Kimbaluka et Kindeba, au sujet desquels une instruction est ouverte contre M. A..., se seraient passés il y a plusieurs mois et sont donc loin d'être flagrants ou de pouvoir être réputés flagrants.

» Dans ces conditions, M. le Substitut Lefranc était absolument incompétent pour ordonner la mise en détention préventive.

» Il ne pouvait pas plus être question de mandat d'arrêt, car l'agent qui se trouve à son poste doit être réputé présent.

» **De ce qui précède, il résulte que M. le Substitut Lefranc a commis un véritable abus d'autorité.**

» Je vous prie, M. le Procureur d'Etat, de le lui signaler. Vu l'urgence, j'ai prescrit télégraphiquement au Commissaire de district de donner l'ordre à M. A... de reprendre ses fonctions. Vous voudrez bien, M. le Procureur d'Etat, enjoindre télégraphiquement à M. Lefranc de donner au gardien de la prison l'ordre de relaxer M. le chef de poste A... »

Afin de pouvoir m'imputer un abus d'autorité, on feignait de croire que A... était en prison, alors que j'avais écrit le contraire. Voilà comment l'on s'y prend pour notifier aux indigènes que les sacripants qui les égorgent sont leurs véritables maîtres, que le massacre est la principale besogne des agents de Boula-Matari et que les magistrats sont des gredins contre lesquels on sévira. Je répondis à M. le Procureur d'Etat :

« Je reçois votre télégramme m'ordonnant de laisser en liberté l'accusé A...; celui-ci, de son côté, m'avise de ce qu'il vient de recevoir l'ordre de M. le Gouverneur Général de remplacer provisoirement le chef de zone. Cela me stupéfie. Je crains fort que la nomination, même provisoire, de l'accusé A... comme chef de zone ne produise une singulière impression sur les blancs comme sur les noirs. »

Il faut savoir que le chef de zone, lui-même compromis dans ces affaires, s'était permis de recommencer l'instruction à laquelle j'avais procédé. Je lui avais à ce propos adressé le factum suivant :

« Votre conduite est absolument étrange et j'en fais rapport à M. le Gouverneur Général.

» Je suis, dans le district, chef de la police judiciaire : il ne vous appartient pas de vous constituer censeur de mes actes. Il ne vous appartient pas d'aller, en compagnie d'accusés, contrôler et reviser les instructions auxquelles j'ai procédé. Gravement outrageante pour moi, votre manière d'agir constitue un véritable abus de pouvoir dont vous aurez à rendre compte.

» Je vous défends, à moins d'ordres reçus de M. le Gouverneur Général, d'indaguer encore au sujet des crimes et délits commis par A... et je vous donne l'ordre d'envoyer ce dernier à Madimba.

» Il ne convient pas qu'en votre compagnie cet homme traverse triomphalement un pays où tout le monde l'accuse de crimes.

» L'accusé A... devait se rendre à Madimba et y attendre mes instructions. Je désirerais savoir pourquoi, contrairement à mes ordres, vous vous arrogez le droit de l'amener à Léopoldville.

» Tout cela aura une sanction.»

En même temps, j'adressai à M. le Procureur d'Etat la lettre suivante :

« Je reçois aujourd'hui la lettre dont ci-joint copie et qui tout à la fois me cause étonnement et indignation — (c'était la lettre du chef de zone). — Ainsi donc, à peine avais-je achevé la tâche que vous m'aviez confiée, le chef de zone, s'érigeant en juge souverain, reprenait la route par laquelle je venais de passer et, suivant pas à pas l'itinéraire que j'avais suivi, procédait à la révision de mon enquête. Et cela dans une région où son nom n'est pas moins redouté que celui de son ami A...

» Le procédé du chef de zone, on ne peut plus injurieux pour moi, constitue un véritable abus de pouvoir contre lequel je proteste énergiquement. Afin de manifester à tous le cas en lequel il tient la justice et ses représentants, le chef de zone m'annonce qu'il ramène l'accusé A... à Léopoldville et ce contrairement aux ordres que j'avais donnés. Ce lui sera l'occasion de promener triomphalement, l'ayant pris sous sa haute protection, dans ce pays où il est accusé de crimes odieux, l'homme contre lequel j'ai dirigé une instruction et que lui déclare innocent.

» De tout cela, les indigènes concluront très logiquement que le juge en qui ils avaient une certaine confiance est un petit garçon dont les actes sont dénués de toute valeur, que la seule puissance, la seule autorité c'est M. le chef de zone. Inutile d'insister sur le discrédit dans lequel ne tarderaient pas à tomber la justice et ses représentants si les agissement du chef de zone, contre lesquels je proteste de nouveau de la façon la plus énergique, n'étaient pas exemplairement punis.»

Les bandits furent félicités et récompensés : quant à moi, je fus plus que jamais en butte aux canailleries de l'Etat et de ses suppôts. C'était dans le courant des mois d'avril, mai et juin que j'avais au prix d'extraordinaires fatigues procédé à ces instructions.

Le 29 juin je me trouvais à Madimba avec les accusés, lorsque l'un d'eux vint m'apporter le télégramme ci-dessous que le commissaire de district lui avait envoyé :

« Prévenez substitut Lefranc désigné pour Bangala. »

Il y eut ce soir-là des tressaillements d'allégresse : on allait pouvoir recommencer à brigander impunément et l'on se pourlécha les babines en songeant aux terribles représailles que l'on allait exercer contre les malheureux indigènes et soldats coupables d'avoir dénoncé les crimes de la racaille.

J'étais expédié en disgrâce à l'Equateur.

Ce ne fut pas tout. M. le Gouverneur Général, dans la lettre ci-dessous, donna ses ordres à M. le Procureur d'Etat relativement aux affaires que j'avais traitées :

« J'ai l'honneur de vous donner ci-dessous mon appréciation — (appréciation ! est charmant !!) — au sujet des différents chefs d'accusation relevés par M. le Substitut de Léo contre M. A...

» I. Affaire Kimbaluka.

J'estime comme vous que tout en étant punissable au point de vue pénal, les deux éléments moralité et matérialité de l'infraction ne sont pas réunis (!!!). L'intention dans laquelle A... a agi n'est pas criminelle — (c'était pour la sacro-sainte cause du caoutchouc) — et les circonstances dans lesquelles il a posé le fait peuvent l'excuser.

» II. Affaire V... et Luyeye.

» Ce fait ayant un caractère politique (!!!), il n'y a pas lieu d'en saisir la justice.

» J'ai fait infliger une peine disciplinaire à cet agent pour avoir envoyé des soldats armés non accompagnés d'un blanc.

» III. Affaire Kiala.

» Je ne m'oppose pas aux poursuites que vous avez l'intention d'exercer contre A... du chef de coups ayant entraîné la mort et subsidiairement de coups simples.

» IV. Affaire M' Wana Putu zi M' Bela et Pembele.

» J'approuve votre manière de voir en ce qui concerne la façon de procéder de M. Lefranc dans toute cette affaire et je vous prie de la lui faire connaître.

— (Je reviendrai ultérieurement sur cette affaire à propos de laquelle le Gérant en Chef et le Procureur d'Etat m'incriminèrent parce que j'avais écrit que les Pères avaient raison et que les paltoquets ennemis des missionnaires avaient tort). —

» Dans ma dépêche du 12 juin, je vous faisais connaître mon appréciation au sujet de l'animosité et de la partialité dont M. Lefranc a fait preuve contre MM. le chef de zone et A...

» Je vous prie de vouloir bien le rappeler à une juste (!!!) compréhension de ses devoirs de magistrat qui exigent le calme et la réflexion et surtout l'absence de tout ressentiment personnel.

» V. Affaire de Gungu.

» J'estime qu'il n'y a pas lieu, eu égard à sa portée politique, de donner une suite judiciaire à cette affaire. — (M. le Procureur d'Etat avait déclaré que c'était de nécessité publique). —

» Vous trouverez ci-joint, M. le Procureur d'Etat, les dossiers que vous m'avez communiqués. »

Conformément à ces injonctions, M. le Procureur d'Etat me lança vertement en deux tartines :

» Après examen minutieux des différents dossiers que vous avez dressés contre MM. A... et le chef de zone et de ceux concernant différents catéchistes des Pères, j'ai le regret de vous informer que vous ne me semblez pas avoir agi avec toute l'impartialité, tout le calme et la réflexion que tout magistrat doit apporter dans l'accomplissement des devoirs de sa charge.

» M. le Gouverneur général qui s'exprime en termes très sévères à votre sujet, me prie de vous rappeler à une juste compréhension de vos devoirs.»

Naturellement je protestai : M. le Procureur d'Etat répliqua :

« En ce qui concerne le reproche que M. le Gouverneur Général vous adresse, ma lettre a dû vous faire comprendre que c'est aux dossiers A... et chef de zone que le Chef du Gouvernement local faisait allusion.

» Je vous disais moi-même qu'en étudiant tous ces dossiers j'éprouvais le même sentiment.

» Vous manifestiez dans les lettres que vous adressiez à M. le Gouverneur Général ou à moi une véritable animosité contre M. A... — (animosité parce que je ne traitais pas ce monsieur de cher ami et de Glorieux Héros.) — et vous instruisiez contre lui, lui défendiez de quitter Madimba alors que d'autre part vous remettiez en liberté un catéchiste accusé d'arrestation arbitraire **sous le prétexte** qu'il était malade — (sur quoi est basée cette assertion de M. le Procureur d'Etat? sur rien : elle est absolument fausse) — et alors que vous ne recherchiez nullement ce qu'il y avait de vrai dans la déclaration si catégorique de Mwanu Putu et de Makengo catéchistes de Tsango, lesquels accusaient formellement le Père de leur donner l'ordre, en cas de désertion d'un enfant, d'amarrer sa mère ou ses sœurs et de ne les lâcher que lorsque le village aurait fourni deux enfants en remplacement du déerteur ou le déserteur lui-même.

» D'autre part encore, vous vouliez poursuivre le chef de zone pour arrestation arbitraire alors qu'en sa qualité d'officier de police judiciaire, il avait fait arrêter des individus contre lesquels il avait reçu une plainte.

» J'examinai tous ces dossiers réunis et en constatant vos différentes façons d'agir, il était difficile de ne pas avoir l'impression que vous ne sembliez pas, comme je vous l'ai dit, avoir agi avec toute l'impartialité, tout le calme et la réflexion qui doit guider tous les actes d'un magistrat. »

Tout cela parce que j'avais mis en liberté provisoire un enfant très malade, prévenu de peccadilles et arbitrairement détenu depuis deux mois, parce que je m'étais occupé des assassinats commis par les courtiers en caoutchouc. J'aurais dû, pour être un magistrat impartial, me faire l'instrument de leurs rancunes contre les missionnaires dont la présence sur le théâtre de leurs exploits les gênait.

M. le Procureur d'Etat transmit à mon successeur à Léopoldville les ordres de M. le Gouverneur Général en me décochant encore quelques traits.

A... fut, après mon départ, traduit devant le tribunal du chef de coups et condamné à 50 fr. d'amende; il reçut de l'avancement.

Quant à moi, je fus encore gratifié d'une troisième semonce.

Passant à Madimba, j'avais trouvé en prison une dizaine de chefs. Ils étaient là depuis cinq ou six semaines sans ordre d'écrou d'aucune espèce. Ils y avaient été amenés par le chef de zone qui, ensuite, était parti sans s'occuper d'eux. Conformément aux prescriptions les plus formelles de la loi, je les fis mettre en liberté. V ici le poulet que m'adressa M. le Procureur d'Etat parce que je n'avais pas, comme c'eût été le devoir d'un bon magistrat, sanctionné ces abus :

« J'ai l'honneur de vous faire savoir que M. le Commissaire de district s'est plaint que vous aviez relaxé deux chefs détenus sur son ordre. Ces deux chefs qui étaient arrêtés par mesure de précaution en vertu du droit d'incarcération appartenant à ce fonctionnaire, n'étaient pas enchaînés et n'étaient emprisonnés que la nuit. — (Je les ai vus en prison, et au lieu de deux, ils étaient dix). —

» **Vous avez commis un abus de pouvoir** — (Chaque fois que l'on applique la loi, on commet un abus de pouvoir) —, une faute au point de vue politique — (j'avais compromis le caoutchouc) — et même une incorrect'on vis-à-vis du Commissaire général. M. le Gouverneur Général me fait remarquer qu'au lieu d'user de vos pouvoirs judiciaires avec modération vous avez toujours fait preuve de trop d'intransigeance — (poursuivre les assassins, libérer des gens arbitrairement détenus, appliquer la loi, quelle intransigeance !!) — dans l'exercice de vos fonctions et, maintes fois, dit-il, fait montre de partialité — (en ne consentant pas à violer perpétuellement la loi).

» Vous n'avez pas même, dans ce cas, eu la courtoisie de prévenir le Commissaire Général de la mesure que vous preniez, alors que cela vous était d'autant plus facile que Banza-Boma est relié à Léo par téléphone — (je n'avais pas à demander conseil pour faire cesser une illégalité flagrante).

» Je dois vous rappeler qu'il importe, tout en maintenant vos prérogatives — (les prérogatives des magistrats c'est d'avoir un solide bandeau sur les yeux) — de magistrat, de ne pas vous **immiscer dans les attributions du Commissaire de district** et Monsieur le Gouverneur Général désire que vous suiviez strictement cette ligne de conduite dans le nouveau poste que vous allez occuper. »

Cette grande colère ne m'émut nullement ; elle me surprit encore moins, car je savais qu'ordre avait été lancé de remettre au travail du caoutchouc cette infortunée région ravagée par le portage et où, actuellement, il ne reste plus le dixième de la population qui s'y trouvait à l'arrivée de Boula-Matari. C'était l'ordre donné par Boula-Matari et que le Gouverneur Général avait notifié à tous ses courtiers par la fameuse circulaire que voici :

Circulaire du Gouverneur Général Wahis aux Commissaires de district et Chefs de zone.

« La qualité du caoutchouc exporté du Congo est sensiblement inférieure à ce qu'elle était il y a quelque temps. Cette différence a plusieurs causes, mais la principale résulte de l'adjonction au latex qui devrait être récolté, d'autres latex de valeur très inférieure ou même de matières poussiéreuses quelconques.

» Cette cause de perte peut et doit disparaître. Les Commissaires de district et Chefs de zone qui ont tous de l'expérience, connaissent les moyens de fraude que les indigènes cherchent souvent à employer.

» Ils ont à prendre des mesures — (pourquoi M. le Gouverneur Général n'indique-t-il pas ces mesures ? ceux auxquels il s'adresse les connaissent) — pour empêcher d'une façon complète ces tromperies.

» Il n'est pas douteux que, là où la population se soumet à l'impôt, il ne sera pas impossible de l'amener — (par la douceur et la persuasion, n'est-ce pas ?) — à fournir un produit pur, mais il faut, pour atteindre ce but — (L'Etat n'en a pas d'autres) —, une surveillance constante ; dès que l'indigène constatera qu'elle se relâche, il essaiera de diminuer son travail — (si doux, si léger, si agréable, si bien rémunéré !) en prenant du latex de mauvaise qualité, quand il obtient celui-ci facilement, ou en ajoutant au produit des matières étrangères.

»Chaque fois que ces fraudes sont constatées, elles doivent être réprimées — (comment? par la chicotte et la chaîne?) —. Les Commissaires de district et chefs de zone ont à examiner fréquemment les produits — (Voilà le vrai métier de «Nos glorieux Héros») — afin de faire à temps des observations à leurs chefs de poste et à ne plus laisser perdurer des situations qui causent le plus grand préjudice.

»A cette cause de la diminution de la valeur du caoutchouc, il faut ajouter celle provenant de l'emballage défectueux du produit qui, par suite, voyage pendant plusieurs mois dans les plus mauvaises conditions. L'on peut dire qu'à cause de cette négligence, une notable partie des efforts qui ont été faits pour obtenir une production en rapport avec la richesse du pays, doivent être considérés comme perdus, puisque la valeur du caoutchouc peut diminuer de moitié par suite de ce manque de soin. J'ajouterai que la valeur du caoutchouc, même pur de tout mélange, a diminué depuis quelque temps sur tous les marchés; **il faut donc que les chefs territoriaux fassent non seulement disparaître les deux causes de pertes qu'ils peuvent éliminer, mais encore qu'ils compensent** — (Voilà le point important) —, **la troisième en faisant des efforts continus POUR AUGMENTER LA PRODUCTION dans la mesure prescrite par les instructions** — **(La mesure prescrite c'est INDÉFINIMENT).**

»Mon attention sera, D'UNE FAÇON CONSTANTE, fixée sur les prescriptions que je donne ici». — (A bon entendeur, salut!)

Le Gouverneur Général,

(s.) **WAHIS.**

Après avoir reproduit cette circulaire, Monsieur le Consul Casement ajoute : « Les instructions contenues dans cette circulaire seraient excellentes si elles émanaient du chef d'une maison de commerce s'adressant à son personnel, mais adressées, comme elles le sont, par un Gouverneur Général aux principaux fonctionnaires de son administration, elles révèlent une conception quelque peu limitée des devoirs publics. Au lieu de consacrer leur énergie à l'administration de leur district, les officiers, visés par cette circulaire, devaient se croire obligés de considérer l'exploitation rémunératrice du caoutchouc comme l'une des principales occupations de l'Etat.

En interprétant ces instructions, les agents de l'Etat doivent avoir été sous l'impression des injonctions positives de leur chef, et il ne peut y avoir de doute qu'ils considèreront le fait de travailler à une grande production de caoutchouc comme le plus important de leurs devoirs. Le fonctionnaire le plus méritant sera celui dont le district fournira la meilleure qualité et la plus grande quantité de caoutchouc ; et, s'il y réussit, les moyens auxquels il aura eu recours pour augmenter cette production ne seront pas, on peut le penser, examinés de trop près.

» Quand on se rappellera que les fonctionnaires visés constituent toute l'autorité dans les districts, et que les agents qu'ils sont autorisés à employer sont des soldats qui sont considérés comme des sauvages, **il ne faudra pas chercher en dehors de l'esprit qui a dicté cette circulaire, l'origine des malheurs et de l'inquiétude dans lesquels vivent les villages indigènes que j'ai parcourus dans le Haut Congo.** »

Impossible de mieux caractériser la circulaire du Gouverneur Général Wahis. Tout le monde partagera la manière de voir de M. le Consul Casement et l'on admettra peut-être que je n'avais pas tort d'écrire que la première mesure à prendre lorsqu'on voudra civiliser le Congo au lieu de l'exploiter, c'est de balayer tous les courtiers qui y opèrent depuis vingt ans.

A la circulaire de M. Wahis avait, de Belgique, répondu un cri de joie que le Directeur de l'Abir traduisait ainsi à ses agents :

« Je vous communique en entier un paragraphe d'une lettre de la direction d'Europe.

» Je termine le présent courrier en vous priant de faire connaitre à votre personnel qu'il y a lieu pour celui-ci **de reprendre courage,** que certains parmi eux ont perdu ; nous avons tous souffert d'une situation critique, mais nous avons le ferme espoir que tous nous aurons l'occasion de vite l'oublier, mais il faut que chacun y mette du sien. La Société a du reste toujours, dans la limite de ses moyens, su reconnaitre le mérite de chacun, surtout si la bonne volonté n'a pas manqué.... **La crise 1901-1902 a pris fin** ».

La crise dont il est question résultait, entre autres, de ce que les horreurs qui se commettaient dans l'Abir et la Mongalla ayant été connues, on avait, bien à regret, été contraint de poursuivre quelques bourreaux. Elle avait une autre cause : c'était le passage de ce Major M... qui au lieu de se promener comme tant d'inspecteurs sur les bateaux des sociétés et de nocer avec les Directeurs, avait fait une inspection excessivement sérieuse. Aussi, il fallait, après son passage, entendre les vitupérations de toute la clique contre ce misérable major. Il eut le sort des honnêtes gens qui, en nombre infime, eurent le courage de remplir consciencieusement leur devoir.

Boula-Matari s'était figuré que le rapport du major serait une apologie, analogue à tant d'autres que l'on s'empressa d'insérer au bulletin officiel, de la grande œuvre civilisatrice. Quand il le lut, il déchanta et instantanément l'enfouit dans la mystérieuse cassette où, à côté des budgets et des procès-verbaux de la commission d'enquête, en attendant qu'un magicien prononce la formule cabalistique qui l'en fera surgir, il repose en paix.

Il est fâcheux qu'aucun de nos honorables n'ait étudié la magie. Quant à moi, il était urgent que l'on m'expédiât en d'autres lieux.

On n'ignorait pas en effet que cette région que j'arpentais en tous sens au lieu de culotter des pipes et de vider des cruchons, avait été le théâtre d'atrocités sans nom. Probablement même savait-on que j'étais renseigné sur les exploits de tel ou tel illustre gibier de potence. Voici quelques-uns des hauts faits de « Nos Glorieux Héros » au sujet desquels je n'avais indagué que très sommairement lorsqu'on me déporta à C..... Je ne puis donc affirmer qu'ils sont exacts, mais ils sont si conformes aux traditions de la valetaille congolaise que je ne puis croire qu'ils ont été inventés. La précipitation même avec laquelle on m'expulsa trahit la terreur qui talonnait les boutiquiers. Cette terreur était très naturelle, car plusieurs de ceux qui avaient opéré en ce pays étaient des gens très calés.

Je me contenterai d'une brève énumération.

En ce qui concerne le recrutement des travailleurs et leur salaire, le chef de poste de K..... me déclara : « Quand je suis arrivé ici, l'usage était établi de prendre des travailleurs qui, après six mois ou un an, étaient renvoyés dans leurs villages sans recevoir de salaire. Ce système m'a paru bon, j'ai continué ».

Le système était général. C'est pour n'avoir pas assez rapidement amené aux postes des travailleurs de cette espèce que les chefs Baluka, Gungu et Kiala furent condamnés à mort.

Les prisons regorgeaient de gens incarcérés administrativement, c'est-à-dire sans motif. Les chefs de poste m'avouèrent qu'ils les astreignaient au travail, mais qu'ils ne se préoccupaient pas de leur donner à manger ; si leurs parents en apportaient c'était bien, sinon ils s'en passaient.

Les indigènes, eux, me disaient qu'ils voudraient porter de la nourriture à leurs frères emprisonnés, mais que la crainte d'être mis eux-mêmes à la chaîne les retenait.

Des amendes formidables en œufs, poules ou mitakos, étaient infligées aux villages sous prétexte que les routes n'étaient pas entretenues, que le caoutchouc n'était pas suffisant, que les vivres n'abondaient pas. Les chefs de poste envoyaient aux marchés leurs boys chargés d'acheter à prix dérisoires tout ce que leurs maîtres désiraient ; s'ils revenaient les mains vides, on leur infligeait la chicotte ; quant aux indigènes qui n'avaient pas cédé leurs marchandises, ils étaient des révoltés !

Au temps du portage, on entassait par centaines dans d'infects réduits les pauvres diables qui, ployant sous le faix, avaient déposé leurs charges sur la route, ou qui n'avaient pas marché aussi lestement que ne l'exigeait un paltoquet quelconque. On leur administrait la chicotte à profusion, aux femmes tout comme aux hommes, on les astreignait aux travaux les plus pénibles et on leur refusait des aliments. **Tous les matins on enlevait des geôles deux ou trois moribonds qu'on jetait dans la brousse, parfois alors qu'ils respiraient encore.** Aux vivants, véritables spectres, au moment où ils sortaient, on intimait l'ordre de danser afin de leur dégourdir les jambes, puis on leur lançait quelques noix de palmes, qu'aux éclats de rire de l'organisateur de ces spectacles, les affamés se disputaient entre eux.

Les porteurs étaient recrutés dans des villages éloignés ; on leur imposait des fardeaux d'un poids écrasant. Ils étaient escortés de soldats qui, suivant leur consigne, les fouettaient afin d'accélérer la marche. Lorsqu'ils tombaient épuisés, les sol ats les stimulaient à coups de chicotte ; il n'était permis de les délaisser que lorsqu'ils râlaient. **Les routes étaient jonchées de cadavres.**

Qu'un village n'ait pas fourni le nombre d'hommes requis, qu'un porteur se soit enfui, ait dérobé une poignée de sel ou de riz, le village était envahi par le ravageur, pillé, saccagé, les habitants, hommes, femmes et enfants égorgés, le bétail emmené au poste. Des boucheries de ce genre furent perpétrées dans les villages de Kinsumbu, Kivuka, Kinkoui, Vunda, Ntari, Zanza et dans quantité d'autres : rares sont ceux qui échappèrent à la dévastation.

Aussi, comme on me le fit souvent remarquer, là où autrefois s'épanouissaient de superbes et populeux villages, aujourd'hui règne la solitude.

Voici pour trois chefferies comprenant une trentaine de villages, une statistique dressée par des personnes sérieuses, compétentes, dont on n'osera pas récuser le témoignage : **EN 1894, CES TRENTE VILLAGES COMPTAIENT 2190 INDIGÈNES MALES ; EN 1907 IL RESTAIT 311 HABITANTS,** et encore les chiffres de 1894 étaient-ils plutôt réduits. **L'Etat a donc raison de se récrier lorsqu'on parle de populations décimées, C'EST LE DÉCIME QUI SURVIT.**

Ces merveilleux résultats ne surprennent pas lorsque l'on connait les monstres que Boula-Matari déchaîna sur ces peuplades inoffensives et qui figurent au tableau d'honneur de la rue Bréderode.

Un sbire que sa bravoure signala à la bienveillante attention du Gouvernement, extermina, à lui seul, des centaines si pas des milliers d'indigènes. Les hécatombes auxquelles il présida, ne se comptent pas. Ne possédant pas le don d'ubiquité, il devait parfois lancer les soldats seuls à la chasse. Afin de pouvoir, dans ce cas, se rendre compte de la besogne abattue par ses auxiliaires, ceux-ci devaient lui présenter **les mains et les oreilles des indigènes occis.**

Un jour, en compagnie d'un autre valeureux guerrier, il fait irruption au village de Kinsongo ; **les hommes sont amarrés, liés à des pieux et fusillés, les femmes et les enfants sont entassés dans un chimbèque auquel on met le feu ; pas un des criminels n'échappa à la vindicte des austères justiciers.**

Motif : Les porteurs n'avaient pas répondu à l'appel de leur seigneur.

Un autre jour cent ou cent cinquante porteurs arrivent en retard au poste ; il gourmande le capita, aligne les porteurs, sonne rassemblement et commande feu dans le tas. Malheureusement les indigènes qui connaissaient les malices du fauve, avaient prévu la manœuvre et avaient précipitamment disparu dans la brousse; la fusillade ne fit aucune victime, d'où rage et désespoir.

Le même avait à son service un tout jeune boy ; c'était son souffre-douleur. Du lever au coucher les coups de pied et les coups de poing pleuvaient dru. Le soir ce type malfaisant s'ivrognait avec sa négresse; le gamin devait veiller, si, accablé de sommeil il s'assoupissait, le tigre l'appelait à mi-voix et, le gosse ne répondant pas, il bondissait en beuglant : boy ! Le bambin accourait tremblant et le misérable lui administrait de sa propre main 50 ou 100 coups de chicotte.

Un autre plus sauvage encore et dont la mémoire est en exécration chez tous ceux qui le connurent, fut cet E... auquel j'ai déjà fait allusion. Un matin, en guise de distraction, il se rend au marché de Kimpuni. Afin qu'ils ne fuient pas, ainsi qu'ils en avaient l'habitude dès que le monstre paraissait, il prévient les indigènes que ce jour-là il ne prendra pas son bain de sang quotidien. Sans défiance alors les indigènes s'assemblent. Lorsqu'il les voit réunis en nombre considérable et que le marché bat son plein, il tire lentement son mouchoir de la poche et l'agite en l'air. A ce signal, des soldats préalablement postés dans la brousse se précipitent sur la foule et éventrent tous ces malheureux sans défense.

Cet exploit fut connu par un missionnaire qui pria l'Etat de ne plus engager ce monstre, ce qui fut promis. Il revint en Europe, y reçut de l'avancement et quelques mois après il retournait au Congo par le Nil.

Vers la même époque, un haut fonctionnaire se promenait avec un religieux aux environs de Kimpuni. Tout à coup leur odorat est désagréablement impressionné par une odeur pestilentielle dont en vain ils cherchent la cause. Après leur départ E... raconte en riant à ses collègues très amusés que l'odeur provenait d'un panier de têtes coupées par les soldats au cours d'une expédition et qu'il avait caché dans la brousse en apercevant ces messieurs.

A Kinziezi, des soldats sont envoyés seuls pour châtier le village ; lorsqu'ils arrivent, hommes et femmes, paisiblement assis autour du feu, prenaient leurs repas ; tous sont égorgés.

Toutes ces atrocités m'ont été contées par des blancs ou par des noirs, qui disaient en avoir été témoins. Si l'on m'eût laissé au Stanley-Pool je n'aurais pas manqué d'instruire à fond toutes ces émouvantes affaires. On les aurait indubitablement qualifiées d'opérations de police administrative dans lesquelles la justice n'avait pas à s'immiscer. Néanmoins, il valait mieux qu'elles ne vinssent pas au jour et l'on m'expédia ailleurs. J'ai, je crois, démontré qu'aux yeux de l'Etat, tous les crimes de ses agents étaient des prouesses dignes d'éloges, qu'au surplus, ils étaient de nécessité publique.

Encore une fois, je n'affirme pas que toutes ces histoires sont vraies, mais ce que j'affirme c'est qu'elles n'ont rien d'invraisemblable. La preuve en est que tous les magistrats, parfois d'autres fonctionnaires, ont, dans des rapports officiels, signalé de ces abominations dans tous les districts.

D'un rapport, en date du 1er mars 1905, rédigé par un magistrat chargé de vérifier ce qu'il y avait d'exact dans les accusations du R. Campbell, j'extrais les passages suivants :

« **Il s'est pratiqué des cruautés terribles...** Le pli avait été donné par X... Son nom indigène Nkulukulu prouve quel était son caractère. Le Nkulukulu est un oiseau dont la face interne des ailes est d'un rouge sanglant. **Or, disent les indigènes, X... n'était content que quand il avait du sang jusqu'aux aisselles.** Alors il ressemblait à l'oiseau en question ; de là, son nom.

» **L'histoire des mains coupées m'a été contée bien des fois par mes porteurs,** incidemment, en me faisant le récit de leurs campagnes.

» **M. D..., chef de poste à K..., m'a raconté comment le blanc se faisait apporter les mains. C'EST, AU DEMEURANT, UN FAIT QU'ON NE POURRAIT NIER.**

» **Il y a eu autrefois des cruautés indignes, cela est incontestable,** affaire C... à M... lapidations. D'autres faits plus graves,

noirs enterrés vifs dans une fosse, la tête seule dépassant et M. X... s'amusant à tatouer les noirs.

(Récits faits à moi, dit le Substitut, par un Commandant).

« Sans vouloir en rien entamer l'honorabilité des magistrats d'occasion, il faut bien reconnaître qu'ils ont des complaisances incompatibles avec la justice. »

S'ils n'étaient pas complaisants, on les casserait.

Du rapport d'un autre magistrat auquel on avait demandé de faire une instruction au sujet des accusations portées contre certains agents de l'Abir par M. Moray et le R. Ruskin, il résulte qu'à peu près tous les méfaits reprochés à ces agents étaient vrais.

Je ne citerai que deux passages :

« **Il résulte à l'évidence des dépositions que les accusations portées contre F... ne sont que la pure vérité ; CET HOMME S'EST TOUT PERMIS** et il est vraiment regrettable que les actes de folie qu'il a commis au delà des actes de cruauté n'aient pas été punis comme ils le méritaient.

» **F... a fait la guerre aux villages récolteurs, mais à cet égard il a agi comme tous les agents commerciaux, c'est-à-dire que chaque fois qu'un village rate son imposition, ces messieurs croient de leur devoir de leur faire la guerre et immédiatement envoient des sentinelles armées d'albini qui tuent tous les malheureux habitants du village désigné.** — (Ils ne font qu'imiter l'Etat). —

» Relativement à M.., chef de factorerie, à B...

» Il résulte que ce monsieur, qui cachait sa cruauté sous les chapelets dont il était toujours couvert, a renouvelé dans la rivière L... les gestes qui l'avaient rendu tristement fameux dans la Busira **lorsqu'il y était comme agent de l'Etat : — (Il avait fait son apprentissage chez Boula-Matari).**

» Cet agent qui, par suite d'une condamnation — (laquelle ? 50 francs d'amende sans doute) — n'avait pu se faire rengager à l'Etat — (fourberie de l'Etat qui passe à ses bonnes amies les Sociétés les agents qu'il n'ose plus prendre à son service et auxquels, vu leurs capacités, il confie la police) — a quand même pu se faire accepter à la Société Abir, malgré ses antécédents et, **chose plus regrettable L'AUTORITÉ ADMINISTRATIVE DÈS SON ARRIVÉE A B... LUI AVAIT CONFIÉ LA POLICE DE LA RIVIÈRE.** — (L'Autorité Administrative a agi très sagement et j'espère qu'on aura appris au rédacteur de ce rapport, comme on me l'apprit à moi, que l'Autorité Administrative a toujours raison vu qu'elle connait les secrètes pensées de Boula-Matari) —

« Il résulte de l'interrogatoire de son personnel ainsi que des indigènes d'I..., que **M..., n'a pas pu leur montrer en toute son extension sa cruauté et sa férocité,** non pas par ce que ses intentions à leur égard étaient plus bienveillantes, mais parce que les indigènes terrorisés par la renommée qu'il s'était faite à l'Equateur, prévenaient tous ses désirs.

» Malgré cela et malgré toute leur bonne volonté, il a trouvé moyen de faire des exemples ».

Il est essentiel de noter que ces instructions furent prescrites à la suite de dénonciations de missionnaires anglais et alors que les inculpés ne couraient plus aucun danger : l'Etat, dans ces cas, a toujours soin d'aviser les intéressés de ce que n'étant plus seul à connaître leurs actions d'éclat, ils ne sont plus en sécurité, de ce que donc une balade sous d'autres cieux leur serait salutaire. Grâce à ces sages conseils pas mal de chenapans panachés se pavanent sur les boulevards d'Europe, qui ont cent fois mérité le gibet. Boula-Matari ne cesse d'ailleurs de prodiguer ses louanges aux vaillants pionniers qui se sont sacrifiés à la sainte cause du caoutchouc. C'est ainsi qu'un très haut fonctionnaire auquel j'exprimais le regret que le « Nkulukulu » n'ait pas été poursuivi, me répondit très froissé que Nkulukulu avait été un héros ; il ajouta même, je pense, que l'Etat lui élèverait une statue.

Ce n'est donc, comme je le soutiens, que lorsque les crimes sont dénoncés par des Anglais et au moment où le plus souvent les coupables sont en sécurité que l'Etat permet de faire des instructions.

Dans les autres cas, il classe les dossiers et met les dénonciateurs en pénitence. Mon exemple, à cet égard, est typique. Toutefois ma thèse étant que le crime est la base du régime léopoldien, que tous les forfaits, toutes les atrocités ont été commis en vertu d'ordres de l'Etat avec sa plus entière approbation, que l'Etat n'a usé de rigueur qu'à l'égard de ceux qui s'efforçaient de réprimer les abus, je vais encore, à l'appui de cette thèse, apporter trois documents officiels.

Le premier est une lettre adressée par son chef à un substitut :

« J'ai l'honneur de vous retourner le dossier V..., en vous priant de le classer dans vos archives.

» M. le Gouverneur Général me fait savoir qu'il n'y a pas lieu d'exercer des poursuites contre ce premier sous-officier de la force publique, les faits relevés à sa charge s'étant passés à une date trop éloignée pour que l'instruction puisse établir suffisamment sa culpabilité ».

Le 1er sous-officier V..., était chef d'un poste à caoutchouc. Il s'était livré aux divertissements habituels des courtiers et que Boula-Matari estime très innocents. Mécontent de la façon dont les femmes balayaient le poste. V..., fit administrer la chicotte à six d'entre elles. Les autres se sauvèrent. V..., donna ordre aux soldats de les poursuivre et de les tuer. Le sergent Bakange et le soldat Baruti en tuèrent trois.

V..., avait pris pour concubine la femme du soldat Massessé ; celui-ci ayant eu l'audace de réclamer sa femme, N..., le menaca de son révolver.

C'étaient là de vrais peccadilles. Cependant un magistrat et un officier eurent le tort de faire une instruction. Les faits s'étaient passés en mai, l'instruction avait eu lieu en octobre.

M. le Gouverneur Général estima qu'il était ridicule de poursuivre après six mois pour des bagatelles de ce genre un de « Nos Glorieux Héros. » Il y avait, selon lui, prescription et il ordonna avec d'autant plus de raison de classer le dossier que les faits paraissaient parfaitement établis : il ne fallait pas qu'un 1er sous-officier de Boula-Matari fut condamné.

Le second document est encore un ordre donné à un substitut de classer un dossier :

« J'ai l'honneur de vous informer qu'il n'y a pas lieu de poursuivre le sieur K... du chef de coups et encore moins du chef de subornation de témoins. Cette dernière prévention n'est nullement établie et pour la première M. le Gouverneur a puni disciplinairement (!!) le prévenu afin de ne pas pousser les travailleurs à abandonner le travail pour aller se plaindre à tout instant au parquet.» — (Pour leur apprendre qu'ils doivent, par ordre de M. le Gouverneur Général, se laisser tuer sans se plaindre). —

Il s'agissait d'une brute qui, au moyen d'un gros bâton, avait frappé à la tête un travailleur et lui avait fait une profonde blessure d'où le sang s'échappait abondamment lorsqu'il se présenta au parquet.

Comment vouloir poursuivre l'auteur d'un coup, alors qu'il est défendu de poursuivre les auteurs de centaines d'assassinats ? Que deviendraient la discipline et le caoutchouc, s'il n'était plus permis d'assommer les nègres. Est-ce que tout ce vil bétail n'est pas destiné à crever au service de Boula-Matari ? N'est-ce pas dans leur sang qu'est pétri l'or dont il a besoin pour ses menus plaisirs ? N'est-ce pas dans leur sang qu'est pétri le ciment de ses palais ?

Le troisième document est plus intéressant encore, c'est une lettre adressée à M. le Gouverneur Général par un lieutenant S...

Je ne puis, vu son étendue, le reproduire en entier. En voici quelques passages :

Monsieur le Gouverneur Général.

« Je soussigné S..., lieutenant de la force publique, engagé pour un terme de trois ans et **DÉSIGNÉ PAR LE SECRÉTAIRE D'ÉTAT** pour commander la région de G... **avec promesse de ma part de fournir mensuellement huit à dix tonnes de caoutchouc ; mon succès devait m'assurer le commandement de cette région** pendant mon séjour en Afrique...

» M. le Commissaire de district arriva en février au poste de K.... Il recruta 50 porteurs pour transporter des charges de caoutchouc à M... Ces porteurs encore peu initiés au travail tel que nous le pratiquons montraient de la méfiance et se figuraient qu'ils allaient être incorporés dans un camp d'instruction ; aussi cherchaient-ils à fuir.

» **Le Commissaire fit mettre un soldat derrière chaque porteur AVEC ORDRE DE TUER CEUX QUI CHERCHERAIENT A FUIR. Trois de ces porteurs trouvèrent la mort,** un de ces malheureux fut tué près du village B... et mis en pièces par les habitants.

» A la suite de ces faits, la population de K... prit la fuite.

» Voici la liste des hommes envoyés par moi à N... pour être traduits en justice et qui n'ont pas été poursuivis. — (C'étaient les meilleurs auxiliaires des courtiers !) —

» Le 27 mars le soldat Mil Mogango accusé de meurtre ; il est actuellement chef de poste à M. .

» Au mois de juillet, les soldats Dimin et Mateleka pour vente de femmes et tortures : le second est parti pour une destination inconnue ; quant à Dimin, il fut nommé caporal, puis sergent.

» Le 3 décembre, le soldat Bamé est envoyé à N... accusé de deux assassinats... le Substitut ne l'a jamais vu.

» Dans mon rapport politique de février, j'informais M. le Commissaire de district que les capitas de M... armés d'albinis avaient fait la guerre aux villages K...

» **Des petits enfants avaient été découpés et entassés dans des paniers** et à l'approche des soldats envoyés par le lieutenant E... les capitas disparaissaient en laissant sur place des paniers de chair humaine.

» Joint à ce rapport une lettre à l'adresse du substitut, je n'ai reçu aucune réponse, pas même celle d'arrêter ces capitas. — (je crois bien, ils exécutaient les ordres d'un chef plus puissant). — Au mois d'octobre, ils recommençaient avec plus d'acharnement. C'est alors qu'après avoir reçu un mandat d'arrêt les concernant, je suis tombé sur les horreurs du poste de L... dont il est question dans un précédent rapport. — (Mutilations et échange de chair humaine pour du caoutchouc).

» Au mois de juin, j'informais le Commandant que, conformément à ses ordres, un poste de 40 pistons avait été installé à M... Ces auxiliaires — (placés là pour faire du caoutchouc) — ayant commis des mutilations de cadavres, etc., etc., je l'informais que j'avais relevé ce détachement et j'adressais par le dit rapport des procès-verbaux. Les noirs ne pouvant être rendus responsables de leurs actes — (tout leur était permis à condition de faire du caoutchouc) — on comprend que le rapport et ses annexes aient été détruits.

Les procès-verbaux étaient toujours, par ordre du Commissaire de district, transmis par son intermédiaire, ce qui est contraire aux instructions — (contraire aux instructions écrites que contredisent les instructions orales. Il en était ainsi dans tous les districts, le Gouvernement voulant formellement que les magistrats soient sous la tutelle de l'Administration).

» Cette non répression de faits graves ne montre-t-elle pas que le Commissaire de district est en contradiction avec lui-même lorsqu'il me réprimande au sujet de prétendus excès commis par mon personnel à l'égard des indigènes.

» Par respect pour la discipline et en conformité du règlement — (la discipline et le règlement ! s'occupe-t-on de ces niaiseries quand il s'agit d'augmenter la production du caoutchouc)— j'ai toujours interdit à mon personnel tout excès vis-à-vis de la population indigène et conséquemment je considérais comme étant mon strict devoir de relever les faits délictueux à leur charge. — (En quoi vous alliez à l'encontre des volontés formelles de Boula-Matari, il vous le fit bien voir).

» Je ne pouvais non plus laisser sous silence les atrocités des agents de M... — (les plus zélés courtiers en caoutchouc, vous osez les blâmer) — mes sentiments d'homme et de loyal serviteur étaient révoltés — (vous étiez un honnête homme, par conséquent un mauvais serviteur de l'Etat massacreur).

» Pourquoi le Commissaire de district semblait-il trouver mauvais que je lui envoie des soldats accusés d'atrocités pour être poursuivis — (le Commissaire de district était un loyal serviteur de l'Etat, il connaissait ses devoirs) — et comprend-on la protection dont il semblait entourer le personnel de telle société ?

» Voilà les raisons pour lesquelles, je crois, que ce fonctionnaire m'avait ôté son estime et cela explique bien des choses.

» Lorsque vous aurez pris connaissance approfondie des faits qu'on me reproche, vous ne pourrez vous empêcher de déclarer que je suis bien peu coupable dans l'affaire de M... et qu'on veut plutôt me faire sentir que précédemment, dans mes premières fonctions, je voulus trop bien faire mon devoir, chose que mon chef trouva importune — (je crois bien, tout cela était de nécessité publique)

Je tombai malade, la fièvre m'accablait ; je demandai à descendre. On me répondit que je pourrais obtenir satisfaction après l'enquête terminée. Jugeant mon cas assez grave, le missionnaire anglais se dérangea — (de quoi se mêle-t-il cet Anglais? soigner un misérable qui dénonce les horreurs du régime? qu'il crève, c'est tout ce que l'on souhaite) — jusqu'à aller solliciter pour moi ma descente à C.,. Ce ne fut que le quatrième jour que j'obtins une pirogue et je partis à la première heure.

» Le lendemain, le Commandant D... prit le même chemin à bord du s/s *Délivrance* ; étant donné mon état de fièvre, je crois qu'il eût été logique et généreux de sa part de me laisser occuper une cabine. Je n'oublierai jamais non plus les insultes qu'il m'adressa à B..., en présence d'un agent commercial. Enfin, nous parvînmes à L... ; je vis à distance le bateau à l'ancre et je m'approchai, mais, au moment où j'allais aborder, je vis le steamer démarrer et il se produisit un mouvement des eaux qui faillit engloutir mon embarcation — (c'eût été parfait et, pour le récompenser de l'avoir débarrassé d'un gêneur, le Commandant eut obtenu des crachats spéciaux).

» Lors de mon arrivée à C..., le Commandant D... me fit défense de me rendre chez moi et m'obligea à rester à la rive ; ma fièvre était loin d'être finie, je claquais des dents. Rien ne put l'émouvoir — (émouvoir des gens qui, chaque jour, se baignaient dans le sang) — et ce n'est qu'à 7 heures du matin que je pus m'installer dans une chambre dont les murs dégouttaient d'humidité.

» Quand je pense à ces tristes choses, j'ai le cœur bien gros et je songe, non sans amertume, à mes nombreux efforts passés pour satisfaire au règlement et servir la Sacrée et Noble cause que poursuit le Gouvernement, la protection des misérables et le maintien des prérogatives de l'Etat.» — (Imbécile! la sacrée et noble cause que poursuit l'Etat c'est le caoutchouc, ce qu'il veut c'est l'oppression des malheureux et non leur protection.) —

N'est-il pas émouvant, ce rapport ? et lorsqu'on saura que non seulement on n'accorda à S... ni augmentation de traitement, ni étoile de service, mais qu'encore on le releva de son commandement et qu'on le poursuivit devant le Conseil de Guerre, sera-t-on édifié sur la scélératesse des gérants de l'infecte boutique.

Tout commentaire serait inutile.

En voilà-t-il des atrocités? En veut-on d'autres? qu'on ouvre les dossiers M... et H..., deux militaires qui opérèrent au lac Léopold II, dans le domaine de la Couronne. On y verra que là ce n'étaient pas comme au Stanley-Pool ou à l'Equateur des mains, comme dans l'Uélé les parties génitales, que les soldats devaient apporter aux courtiers de Boula-Matari, c'étaient des têtes. Dans le domaine de la Couronne, les choses ne pouvaient se passer aussi vulgairement qu'ailleurs.

Je procédais moi-même à l'instruction. Le prévenu M... prétendait avoir reçu du commandant H... un billet ainsi conçu : « **Vous avez quatre vingts albini et vous ne faites pas de caoutchouc** ».

Le Commandant ne se souvenait pas d'avoir écrit ce billet.

Alors, M... pose la question suivante :

« Quand je suis arrivé au Lac Léopold II, une grande expédition dont vous faisiez partie s'organisait sous la haute surveillance du Commissaire Général. Les soldats avaient une brasse d'étoffe d'indemnité par homme tué à la guerre. Quel moyen de contrôle avait-on pour s'assurer que les soldats ne mentaient pas en disant qu'ils avaient tué tel ou tel nombre d'indigènes ?

Le Commandant H... répondit :

« C'était la première expédition à laquelle je prenais part sous les ordres du Capitaine E... ; **je reçus une réprimande du Capitaine E..., parce que j'avais refusé d'obéir à l'ordre qu'il avait donné aux soldats de lui apporter les têtes des indigènes tués** comme moyen de contrôle : on donnait en effet une brasse d'étoffe par homme tué, **C'ÉTAIT LA COUTUME DANS LE DISTRICT.** »

Voilà comment est exploité le Domaine de la Couronne, où jamais on n'a permis à un missionnaire ou à un magistrat de mettre le pied.

Bien entendu, M... fut acquitté et, grâce à un traquenard que l'on me tendit, H... ne fut pas inquiété.

Voici pour compléter ce chapitre, un résumé très bref de quelques dossiers dont j'eus à m'occuper lorsqu'en 1904 et 1905 j'étais substitut ou Procureur d'Etat suppléant à Boma. La Commission d'Enquête menaçait et l'on avait recommandé aux substituts d'ouvrir l'œil, que précédemment ils devaient tenir fermé.

R....., soupçonne sa « femme » une gamine de treize ans, d'avoir des rapports avec un soldat ; il lui fait donner la chicotte, la piétine, enfin l'attache à un pieu et s'armant d'un arc lui lance des flèches sur diverses parties du corps. La pauvre enfant, toujours brutalisée et maltraitée s'était précédemment enfuie dans son village.

Son père craignant les représailles de R..., l'avait ramenée au poste. R... qui d'ailleurs avait tranquillement regagné les rivages d'Europe, fut condamné à six mois de prison.

L'amusement favori de A..., était d'attacher à des palmiers, au milieu du poste, travailleurs ou indigènes et de les laisser ainsi, durant plusieurs heures ou même plusieurs jours, exposés au soleil, à la pluie et aux piqûres des insectes. Il fut établi que cinq ou six boys, des enfants, avaient subi ce supplice et qu'un homme et une femme ainsi ligotés étaient morts à l'arbre le troisième jour : défense formelle, sous peine de chicotte, était faite à tous les gens du poste de donner à boire ou à manger aux victimes du petit monstre. Les juges estimèrent que l'autopsie n'ayant pas été pratiquée, on ne pouvait affirmer que la mort était la conséquence du supplice et A..., fut condamné à dix ans de prison. Cette condamnation fut prononcée en 1905 et depuis longtemps le prévenu se balade sur les boulevards d'Europe.

S..., avait, étant au service de l'Etat, commis un tas d'atrocités : la plupart ne parurent pas suffisamment établies et il fut condamné à six mois de prison. Ayant purgé sa peine il revint en Europe et immédiatement il fut engagé par une Société à laquelle il avait exhibé ses certificats : il est mis à la tête d'une factorerie et tout aussitôt il donne libre cours à ses instincts sanguinaires.

La quantité de caoutchouc fournie par les indigènes n'est jamais suffisante ; pour les encourager il les fait fustiger, quelques uns jusqu'à ce que mort s'en suive ; tandis qu'on administre la chicotte il bourre les patients de coups de pied à la figure ; à l'un d'eux, au moment où il se relève, d'un coup de bâton il abat les parties génitales ; il donne ordre à deux travailleurs de se saisir d'un vieillard pantelant, sanglant, de le prendre par les bras et de lui faire faire, en courant, plusieurs fois le tour du poste.

Chaque jour on distribuait la chicotte aux indigènes et aux travailleurs à raison de cent ou deux cents coups : on ne comptait pas, disent les témoins ; quand une partie du corps était déchiquetée, on frappait sur une autre.

Cette brute avait un petit boy, un enfant auquel il donnait des coups de couteau lorsque la vaisselle n'était pas assez bien lavée.

Condamné à vingt ans de prison, je crois, B..., a, lui aussi été depuis longtemps rendu à la patrie.

D..., administrait la chicotte à peu près dans les mêmes proportions et quand le patient, sous le coup de la douleur, évacuait des matières fécales, il l'obligeait, sous menace d'une nouvelle correction, à les manger. Il imposait aussi comme punition à ceux dont le caoutchouc n'était pas de bonne qualité, d'en manger de plus au moins grandes quantités. Enfin deux indigènes furent tués par son ordre. Condamné à dix ans de prison, il n'en a pas subi deux.

M..., afin de stimuler les indigènes au travail, excursionnait dans les villages accompagné de ses soldats : on tuait à l'occasion et surtout on emmenait ce qu'on nomme là-bas des otages : on leur mettait des charges sur le dos, et en avant. Un jour, en cours de route, le capita prévient M... qu'un de ses prisonniers, malade, ne peut plus avancer ; qu'on me l'amène tout doucement, dit-il, et la caravane s'arrête. Le prisonnier arrive péniblement auprès de M... qui tout aussitôt, sans autre forme de procès, donne l'ordre de le lier à un arbre, puis il saisit le fusil que portait un boy et à bout portant tue le malheureux. Fier de son exploit, et dans le but d'inspirer une crainte salutaire aux autres indigènes qui l'accompagnaient, il approche alors de l'arbre et montrant à tous le trou par lequel la balle etait sortie : « Voyez, dit-il, la force de nos fusils à nous autres blancs : ma balle a non seulement traversé le corps mais encore l'arbre; deux ou trois hommes auraient pu être transpercés. » On se remit joyeusement en route. Condamné à 15 ou 20 ans, il n'a certainement pas subi le cinquième de sa peine.

C... était, lui, un personnage puissant et redouté: agent d'une société partageant fraternellement ses bénéfices avec l'Etat, il exerçait un pouvoir sans limites sur les fonctionnaires comme sur les particuliers. Ce fut un vaillant fabricant de caoutchouc et je ne doute pas qu'Etat et Société ne se soient trouvés d'accord pour le dédommager royalement des légers ennuis qu'il eut à subir. Il était toujours en route, tantôt seul avec ses soldats, tantôt en compagnie du commandant des forces de police de l'Etat qui avec ses troupes lui prêtait aide et assistance: c'était d'ailleurs à cette unique fin que le poste de police avait été créé. La lecture de ce seul dossier démontrerait que tous les marchands de caoutchouc qui se succédèrent dans cette région, tant fonctionnaires de l'Etat qu'agents de société, s'étaient, sauf de très rares exceptions, rendus coupables de meurtres, d'assassinats et d'autres atrocités.

C... fut pendant de longues années le maître incontesté du pays et l'on ne connaîtra jamais le nombre de victimes de cet illustre bandit. A ses soldats, comme aux soldats de l'Etat, il ne donnait qu'un ordre, toujours le même, « allez et tuez ». On parcourait ainsi quinze, vingt villages et lorsque les soldats, écœurés parfois de leur triste besogne, ne massacraient pas avec assez d'entrain, on leur administrait la chicotte à raison de cent, deux cents coups, quelques-uns ont même déclaré quatre cents.

Quelques extraits des lettres qu'il adressait à ses subordonnés afin de les encourager, eux aussi, à bien travailler, permettront de juger le personnage et de se faire une idée de la manière dont, là, et il en fut de même partout, se pratiquait la civilisation.

» Quant aux Mobanghi, ils vont attraper une « boula » qui ne sera pas ordinaire, je vous le garantis.

» Allons, bon courage, menez-moi toute cette crapule du sud à la baguette et à ma rentrée à B... nous récompenserons les bons et punirons les méchants. Vous pouvez bien les avertir de ma part.

» J'ai pris bonne note de ce que vous me dites au sujet des B... Je pars demain pour cette région et je vous certifie que **je visiterai à fond** toute la région ; je me suis entendu à ce sujet avec le **CHEF DU POSTE DE POLICE.** »

Pour bien établir la complicité de l'Etat dans ces massacres, je donnerai encore cet extrait d'un rapport d'un autre agent :

« J'ai lieu de croire que **le passage du chef de zone accompagné du chef de poste de l'Etat sera salutaire et remettra sur un bon pied l'état de choses actuel.** Cette marche militaire fera comprendre aux natifs que plus que jamais nous sommes décidés à les faire remplir leurs obligations et stimuler ces natures paresseuses préférant vivre dans la brousse plutôt que de travailler. »

C... fut condamné, en 1904, du chef d'innombrables assassinats à quinze ans de prison, ce qui n'était certes pas exagéré. Il y a beau temps qu'il est venu recevoir à Bruxelles la récompense de ses glorieux services.

Et maintenant que dira le public lorsque, dans les journaux à la solde de Boula-Matari, il lira les articles tels que celui-ci : « Les procédés dont usent et abusent les anticongolais d'Angleterre sont remarquables. Permettez-moi de vous en servir un échantillon. Vous avez pu lire le *Daily News* et dans d'autres journaux anglais le compte rendu d'une conférence donnée à Hither Green, un faubourg écarté de Londres, par la femme d'un missionnaire, une Madame Christopher. Cette dame a gravement raconté qu'à une date qu'elle ne précise pas et dans une localité qu'elle n'indique pas davantage, un officier belge, dont elle tait le nom, aurait fait décapiter vingt-un Congolais et employer les têtes de ses victimes comme bordures le long des plates bandes de son jardin. L'auditoire, au lieu d'éclater de rire, a frémi et on s'est empressé de faire part de ce frémissement au Ministre des affaires étrangères, sir Edward Grey, qui a dû se demander si les naturels de Hither Green ne seraient pas mieux placés à Bedlam. »

Que dira-t-il lorsque, dans le cynique torchon sortant de l'officine dans les caves de laquelle d'éhontés arrivistes fomentèrent « la bonne secousse » qui devait les hisser à la dignité de valets obséquieux de mercantis sans vergogne, il lira les brabançonnes à la goire de « Nos héroïques soldats » et de stupides injures à l'adresse des missionnaires anglais dont les magistrats du Congo ont reconnu fondées toutes les accusations.

Le public se fâchera contre ces méprisables complices, d'ignobles bandits et il se détournera avec dégoût de ces comptoirs de mensonges et de calomnies.

Quant aux Députés honnêtes qui sont, je le pense, la grande majorité, ils s'indigneront eux aussi et ils sommeront de rendre leurs tabliers les méprisable larbins dont l'astuce faillit les entraîner à commettre une infamie.

Certes, je désire la reprise du Congo afin de l'arracher aux griffes des fauves qui se repaissent de son sang; c'est, selon moi, pour la Belgique un devoir de justice et d'humanité. Mais il ne faut pas tromper la nation en s'efforçant de lui persuader que l'annexion serait une bonne affaire. Il faut, au contraire, lui exposer franchement la situation : le Congo a été ravagé par la bande de malandrins qui y opèrent depuis vingt ans : la population a été exterminée, les produits du sol saccagés, le passage d'Attila eût été moins désastreux. Rien n'y a été organisé que le massacre et le pillage. Bien loin de pouvoir astreindre au travail ces pitoyables populations exténuées par les travaux forcés, dépouillées de tout ce qu'elles possédaient, bien loin d'en pouvoir exiger des impôts, il faudra leur permettre de reprendre haleine, leur restituer tout ce dont elles ont été frustrées, tâcher de leur faire comprendre par des bienfaits, et ce ne sera pas l'œuvre d'un jour, que tous les blancs ne sont pas des tigres.

Pour réparer les iniquités qui se sont perpétrées là-bas, des milliards seraient nécessaires.

Aussi, au lieu d'hommage national, je propose une Haute Cour de justice. Oui, une Haute Cour devant laquelle comparaîtront toutes les victimes de Boula-Matari et auxquelles on accordera de légitimes dommages-intérêts. Ce sera une rude besogne car il n'est pas, au Congo, un homme, une femme, un enfant aux droits desquels le Régime Léopoldien n'ai gravement porté atteinte.

Le total des dommages-intérêts ainsi alloués sera présenté aux patrons de la boutique, seuls bénéficiaires des brigandages qu'ils ont ordonnés. Au lieu d'hommage national ce sera la carte à payer.

Tout ce qui, dans le pays, a encore le moindre sentiment d'honnêteté, de justice, applaudira, comme aussi il applaudira au verdict condamnant les accusés au gibet.

Je m'offre à dresser l'acte d'accusation et à occuper le siège de Ministère public.

Je m'arrête car ma brochure prend les proportions d'un volume, ce qui est désastreux.

J'espère, pour achever l'œuvre commencée, pouvoir plus tard en publier une troisième.

Voici pour finir le tableau du personnel en 1907, du poste de Niangara AU CONGO BELGE :

Procureur d'Etat . . .	ROSSI	Italien.
Chef de zone.	ACERBI	»
Commandant des transports	MILO RIBOTTI	»
Commandant de Compagnie	SIMONATTI	»
Substitut.	STEEN	Scandinave
Substitut.	FALKENBERG	»
Sous-officier	JAHAUSEN	»
Sous-officier	PERSOONS	»
Secrétaire du chef de zone.	GAGNEBIN	Suisse
Greffier	PONCIN	Belge
Chef de Station	BOLLE	»
Juge	LEFRANC	»

Pour une colonie belge [illegible] n'est pas mal ; et l'on voit que nos Glorieux Héros, ne sont pas tous des Belges !

Liége, le 15 Juin 1908.

STANISLAS LEFRANC,
Juge à l'État du Congo,
Rue André Dumont, 19, Liége.

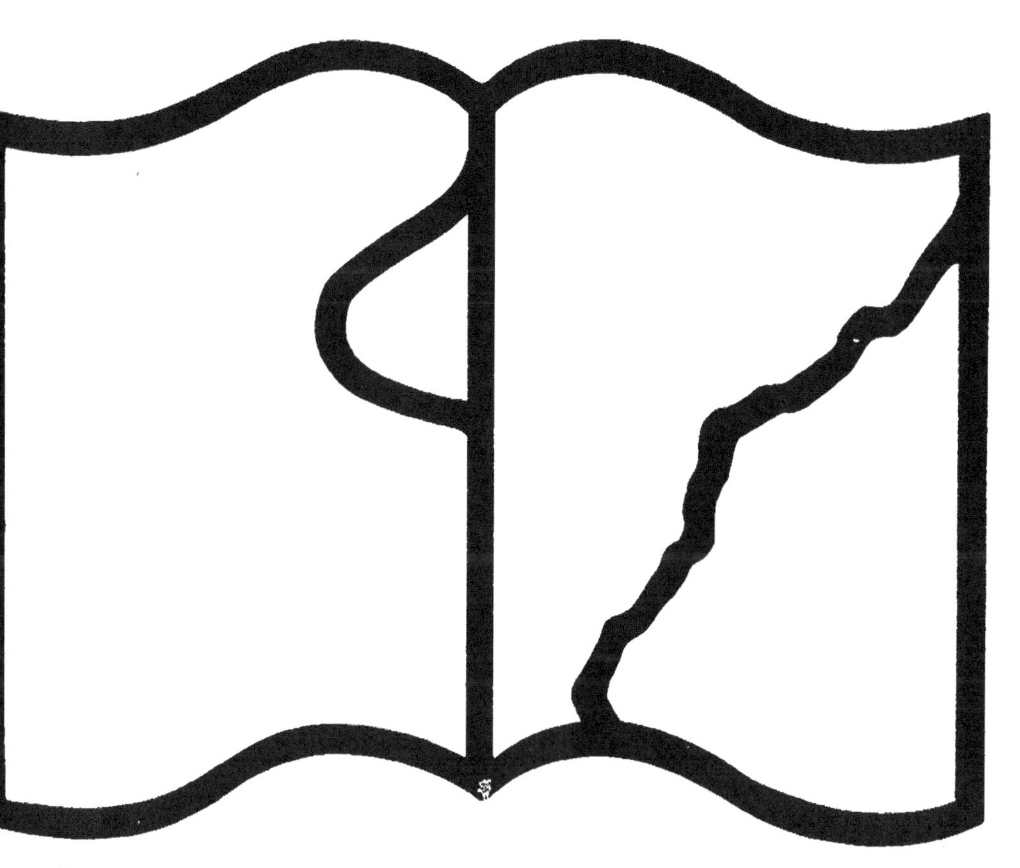

Texte détérioré — reliure défectueuse

NF Z 43-120-11

www.ingramcontent.com/pod-product-compliance
Lightning Source LLC
LaVergne TN
LVHW010044230826
846091LV00005B/1860
* 9 7 8 2 0 1 3 3 5 9 6 2 7 *